Elogios a

Os Sete Caminhos do Ayurveda

"Em *Os Sete Caminhos do Ayurveda*, Sarah desmistifica os doshas de uma forma que permite ao leitor a autorreflexão e a percepção de suas qualidades inatas em um nível totalmente novo. Este livro lhe fornece o conhecimento para acessar a antiga sabedoria Ayurvédica a fim de ver melhorias palpáveis em sua vida cotidiana, compreender a si mesmo em um plano mais profundo e ter uma perspectiva totalmente nova sobre como recuperar o equilíbrio de seu biotipo exclusivo."

— **CASSANDRA BODZAK**, autora de *Eat with Intention* e *Manifesting Through Meditation*

"Neste belo livro, Sarah abarca uma ciência ampla e ancestral e a oferece a nós como um buquê arrebatador de prazeres da natureza. Pelo fato de o Ayurveda ser uma ciência de cura, muitas vezes os doshas são contemplados para identificar o desequilíbrio e o que fazer para recuperá-lo. Sarah faz o contrário, analisando os doshas em sua expressão positiva, vendo como cada um atua no trabalho, na vida e no amor, fazendo desta obra um guia para trazer à tona sua melhor versão. De leitura fácil e prazerosa, este livro pode abrir seu mundo de maneiras inesperadamente radiantes."

— **LAURA PLUMB**, técnica em Ayurveda e professora, autora de *Ayurveda Cooking For Beginnners*

"Sarah aborda o Ayurveda de uma forma prazerosamente lúdica! Este livro dará a você o conhecimento prático dos doshas no trabalho, no amor e na vida cotidiana, a fim de poder cuidar com segurança de si mesmo e descobrir pontos fortes pelo caminho. Se está em busca de uma relação renovada com seu bem-estar, que o inspire a se conhecer e a viver de maneira autêntica com sua própria natureza, recomendo de olhos fechados este livro."

CLAIRE RAGOZZINO (Vata-Pitta), autora de *Living Ayurveda*

"Expandindo o conceito de 'dosha' além de listas de alimentos e tipos de corpos, este livro esclarecedor servirá para a vida toda como um guia para navegar por sua 'paisagem interna' e abordar suas tendências, lados luz e sombra e sua relação com a compaixão, curiosidade e senso de humor. *Os Sete Caminhos do Ayurveda* nos lembra de que já temos tudo de que precisamos para prosperar."

— **JENNIFER KURDYLA (Vata)**, coautora de *Root & Nourish: An Herbal Cookbook for Women's Wellness*

"*Os Sete Caminhos do Ayurveda* é um livro acessível, escrito com amor, que nos ensina a usar o Ayurveda com uma lente para autoanálise. Kucera não somente guia você com gentileza a um autoconhecimento maior, como também lhe dá ferramentas para compreender melhor a si mesmo e outras pessoas no ambiente de trabalho, em relacionamentos e em várias etapas da vida. Recomendo de olhos fechados!"

— **SAGE ROUNTREE (Pitta)**, Ph.D., professora certificada de yoga, autora de *The Professional Yoga Teacher's Handbook* e coproprietária do Carolina Yoga Company

"Embora nós, seres humanos, tenhamos muito em comum, inerentemente também somos bastante diferentes uns dos outros. Sarah aplica ensinamentos antigos do Ayurveda para oferecer uma forma totalmente nova de observar por que fazemos o que fazemos. Ótima leitura para pessoas em busca de entender melhor a si mesmas — e a seus companheiros de espécie!"

— **HEATHER GRZYCH (Vata-Kapha)**, praticante de Ayurveda e autora de *The Ayurvedic Guide to Fertility*

OS SETE CAMINHOS DO **AYURVEDA**

Sarah Kucera, DC, CAP

OS SETE CAMINHOS DO **AYURVEDA**

Descubra seu *Dosha*, Acesse seus Pontos Fortes e Prospere no Trabalho, no Amor e na Vida

Tradução
Maíra Meyer

Editora Pensamento
SÃO PAULO

Para meu pitta-kapha favorito

Título do original: *The Seven Ways of Ayurveda.*

Publicado originalmente nos USA em 2022 por The Experiment, LLC. Esta edição foi publicada mediante acordo com The Experiment, LLC.

1ª edição 2025.

Design da capa: Beth Bugler
Design do texto: Jack Dunnington

Editor: Adilson Silva Ramachandra
Gerente editorial: Roseli de S. Ferraz
Gerente de produção editorial: Indiara Faria Kayo
Preparação de originais: Júlia Rodrigues
Editoração eletrônica: Join Bureau
Revisão: Luciane Gomide

Dados Internacionais de Catalogação na Publicação (CIP)
(Câmara Brasileira do Livro, SP, Brasil)

Kucera, Sarah
Os sete caminhos do Ayurveda: descubra seu dosha, acesse seus pontos fortes e prospere no trabalho, no amor e na vida / Sarah Kucera; tradução Maíra Meyer. – 1. ed. – São Paulo: Editora Pensamento, 2025.

Título original: The Seven Ways of Ayurveda.
Bibliografia.
ISBN 978-85-315-2421-9

1. Medicina ayurveda 2. Medicina alternativa 3. Mente e corpo I. Título.

25-254735 CDD-615.538

Índices para catálogo sistemático:
1. Terapias ayurvédicas: Medicina alternativa 615.538
Eliete Marques da Silva – Bibliotecária – CRB-8/9380

Direitos de tradução para a língua portuguesa adquiridos com exclusividade pela
EDITORA PENSAMENTO-CULTRIX LTDA., que se reserva a
propriedade literária desta tradução.
Rua Dr. Mário Vicente, 368 – 04270-000 — São Paulo — SP — Fone: (11) 2066-9000
http://www.editorapensamento.com.br
E-mail: atendimento@editorapensamento.com.br
Foi feito o depósito legal.

Sumário

PARTE 3: Os Doshas no Mundo

PARTE 4: O Caminho Adiante

Introdução

Quem me conhece nunca acreditaria que eu era muito tímida quando criança. Tímida de doer. Eu me lembro de estar no primeiro ano do Ensino Fundamental indo para a escola sentada no banco do passageiro de nosso Jimmy branco GMC S-15 de 1983, na esperança de convencer minha mãe de que eu não poderia ir à escola naquele dia por me sentir indisposta. Eu não pretendia "matar" aula — era uma sensação real e visceral que eu tinha por saber que teria de interagir com outras pessoas, ou, pior, que seria chamada para falar na aula. Eu só tinha 7 anos, mas a sensação ainda mora dentro de mim.

Por muitos anos considerei minha timidez um defeito. Ela me impedia de conhecer pessoas novas, de pedir ajuda e tornava coisas como fazer um pedido para viagem uma tarefa assustadora. Mas hoje eu a considero meu superpoder. Sem essa base, as características que mais amo em mim talvez nunca tivessem aparecido. O resultado de uma infância tímida foi gastar menos tempo e energia falando, o que me concedeu mais espaço para observar e escutar. Embora houvesse pitadas de autoconsciência aí, em geral isso ofereceu uma oportunidade perfeita para desenvolver consciência, algo que, com o tempo e o estudo do Ayurveda, catapultou minha habilidade de me conhecer bem e enxergar as pessoas como elas são de verdade.

No meu primeiro dia na escola de Ayurveda, nosso professor e renomado médico ayurvédico, dr. Vasant Lad, que na época tinha sessenta e poucos anos, sentou-se em posição de lótus no chão acarpetado enquanto avaliava a saúde de cada aluno, a turma inteira olhando. Como alunos novatos, estávamos todos ansiosos para aprender o Ayurveda — uma medicina alternativa baseada na natureza e nos cinco elementos — e como seríamos capazes de incorporar essa forma holística de cura em nossa vida. A primeira a ser avaliada foi uma aluna de uns 40 anos que, por fora, parecia feliz e saudável. Porém, após avaliar os olhos, a língua e a pulsação dela, dr. Lad disse que ela parecia estar esgotada. Ele perguntou se o sofrimento dela vinha de um coração partido. Lágrimas começaram a escorrer pelo seu rosto, enquanto ela fazia que sim com a cabeça, confirmando. O marido dela tinha morrido em um acidente de helicóptero havia apenas alguns anos, e ela ainda estava se recuperando da perda. A turma toda ficou maravilhada com as habilidades perceptivas do dr. Lad, que pareciam se aprofundar cada vez mais à medida que ele entrevistava outros alunos.

Mesmo sendo verdade que a intuição do dr. Lad é incomparável, seu conhecimento do Ayurveda proporcionou solo fértil para que suas habilidades perceptivas inatas florescessem em um nível ainda mais profundo. Fosse um evento emocional que a pessoa escondeu nos recônditos de si ou uma qualidade própria que ela ainda não havia percebido, ele via não somente os sintomas físicos mas quem éramos de verdade. Fiquei tão inspirada por sua habilidade de revelar, sem esforço e com graciosidade, o que tornava cada um de nós único, que decidi fazer o mesmo.

Entrei no Ayurveda acreditando embarcar em uma jornada educativa na medicina natural que faria uma ponte com meus estudos de quiropraxia e yoga. Eu me imaginei ampliando o escopo da minha prática para incluir outras condições além de hérnias de disco e ombros congelados e aprendendo habilidades interpessoais que aprimorariam o nível de cuidado que eu oferecia não só a meus pacientes mas também a meus alunos, amigos e familiares. (Eu também ponderava sobre a possibilidade de preparar remédios à base de ervas que eu colheria no quintal.)

Mesmo que eu de fato tenha elaborado alguns chás e pomadas medicinais na minha cozinha, o maior presente que o Ayurveda me deu é a sensação de ser compreendida. No cerne do Ayurveda há o entendimento de que todos somos feitos dos mesmos materiais — os cinco elementos, que são o éter (espaço), o ar, o fogo, a água e a terra — e de que nossa aparência, nossos pensamentos e nossas sensações podem remontar à nossa proporção exclusiva desses elementos em determinado momento. Essa constituição elemental é a essência de nosso *dosha*, ou de nossa verdadeira essência. Conhecer nosso dosha, ou expressão de elementos, revela as razões de nossos pensamentos mais íntimos, padrões mentais e comportamentais, e a maneira como interagimos com o mundo.

Graças ao Ayurveda, em geral consigo identificar a constituição elemental de alguém em poucos minutos, por meio de suas características físicas e seus trejeitos. Então, essas informações me proporcionam o *insight* de que necessito para me comunicar de forma eficaz com essa pessoa, imaginar as fontes de harmonia e discórdia em seu trabalho e seus relacionamentos e ter uma sensação sólida de como ela encontra plenitude na vida. E, se eu tiver a oportunidade de interagir mais tempo com ela, como em uma consulta ayurvédica, posso ver a conexão entre esses atributos e sua saúde geral, o que é crucial em meu trabalho como profissional da saúde.

Acredito que, quando abarcamos o conhecimento dos doshas, reconhecemos nossos superpoderes e nos apaixonamos por quem somos. Também podemos reconhecer os superpoderes alheios e como oferecer a outras pessoas mais apoio, compaixão e interagir de maneira harmoniosa. Se saber meu dosha pode fazer isso por mim — e me causar a sensação de empoderamento, em vez de vergonha —, há uma chance muito boa de que isso possa expandir sua visão de mundo da mesma maneira.

Mas lembre-se de que esse caminho requer paciência, uma vez que a consciência é um caminho em constante evolução. Esse processo tem a ver com melhoria, não com perfeição, e cada camada sua que é revelada, quer você esteja ou não empolgado para descobri-la, impulsiona o aprendizado e o conhecimento. Você descobrirá que o verdadeiro bem não vem de um estado absoluto de consciência, mas que ele está no processo de revelar as camadas. Este livro trata desse processo.

Breve Panorama do Ayurveda

O Ayurveda é várias coisas. Das palavras em sânscrito *ayus* (vida) e *veda* (ciência), ele é conhecido como a ciência-irmã do yoga e a ciência da vida. O Ayurveda é um sistema médico indiano cujas origens remontam a milhares de anos. Embora algo criado há tanto tempo corra o risco de ficar ultrapassado, o Ayurveda tornou-se refinado com a idade, provando que seu conhecimento é atemporal. A base natural do Ayurveda é responsável por boa parte disso, já que os ritmos da natureza são confiáveis e consistentes. Essas raízes conferiram ao Ayurveda potencial para superar e abarcar quase toda mudança ou aplicação, seja na região do mundo onde ele é praticado, seja na modernização da sociedade.

Em um nível meta, não surpreende que um sistema construído com base nos ciclos e na mudança em si seja tão adaptável, e vemos essa relação entre função e forma nas ferramentas do Ayurveda. Resumindo: rituais diários, noturnos e sazonais ajudam as pessoas a gerenciar problemas complexos de forma simplificada. Com base nos ritmos de nosso corpo e da natureza, práticas como consumir alimentos sazonais, optar por dormir sempre no mesmo horário e priorizar a saúde digestiva podem servir como base para a cura. Esses mesmos conceitos se destacam na área da saúde preventiva, oferecendo recomendações de alimentos e estilos de vida que levam em consideração o biotipo exclusivo de cada pessoa, ou dosha. Isso é possível quando os ciclos são previsíveis e podemos prever as doenças que surgem a partir deles.

Para começar, o Ayurveda confere causalidade cíclica a tudo: sua vontade de comer pipoca, por que sua sinusite ataca todo ano na primavera e por que trabalhar em grupo funciona melhor para certas pessoas. Quando você se conhece de uma perspectiva ayurvédica, passa a agir com mais atenção plena à maneira como suas escolhas vão interagir com o ciclo em que você está. Esse *insight* dificulta a escolha arbitrária de um prato do cardápio, deixa de lado a crença de que o clima e as estações podem causar doenças específicas ou desconsidera as oscilações na maneira como nos sentimos e como elas podem estar relacionadas ao nosso estilo de vida. O Ayurveda tem muito a nos ensinar, e ele disponibiliza uma trajetória em expansão para uma autoevolução sem fim.

Os Doshas: Uma Constante do Ayurveda

Na primeira parte deste livro, você será apresentado a mais conceitos fundamentais sobre os quais esse método baseado em ciclos se constrói. Entretanto, o foco maior de nossa energia serão os doshas — as combinações de elementos que nos tornam quem somos. Cada um dos três doshas é composto de dois elementos: vata (éter e ar), pitta (fogo e água) e kapha (água e terra). Temos todos os doshas, já que eles se relacionam à biologia humana e comandam funções do corpo e da mente, no entanto, podemos descobrir que temos mais de um e menos de outro. O domínio de um só dosha ou a combinação de dois deles (você também pode ser tridosha, mas retomaremos esse assunto mais adiante) caracteriza quem você é na maior parte do tempo. (Como você também aprenderá com o Ayurveda, nada de fato é cem por cento fixo ou absoluto, nem mesmo seu dosha! Mas chega perto.)

Dos três doshas, há sete combinações possíveis ou expressões com base no nível em que cada um é representado em você:

vata, pitta, kapha, vata-pitta, pitta-kapha, vata-kapha e tridosha (com partes iguais de vata, pitta e kapha)

Na primeira parte, você terá a chance de responder a um questionário sobre doshas para determinar sua constituição inerente. Lembre-se, no entanto, de que os resultados do questionário não estão selando seu destino. O questionário é um ponto de partida para ajudar você a refletir sobre quais são seus elementos dominantes e, portanto, é apenas o começo de sua trajetória rumo ao autoconhecimento.

Na segunda parte, você conhecerá cada dosha ou combinação de doshas de maneira mais íntima e pessoal. Uma vez que todo mundo é feito de todos os doshas em quantidades variáveis, haverá componentes de cada uma das sete combinações de doshas com que você pode se identificar. Ao longo do livro há dicas de estudo individual para ajudá-lo com isso, além de seções para equilibrar os doshas — um conceito que também se aplica a todas as pessoas. Ao dedicar um tempo a cada um dos pontos fortes e desafios mentais das sete constituições, estilos de comunicação, reação a estresse, motivações e medos, é provável que você tenha mais certeza de qual é seu dosha e também consiga identificar os doshas alheios. Tenha em mente que você não está necessariamente em busca de um encaixe perfeito, mas de um encaixe que sirva melhor — o que tem tanto a ver com sua intuição sobre seu dosha quanto com seu conhecimento. Ademais, ler sobre os doshas com que você se identifica menos trará mais clareza àqueles com que se identifica mais.

Se conhecer seu dosha é um tipo de superpoder, a terceira parte o ajudará a usar esse poder para melhorar sua saúde e seu bem-estar em geral, bem como melhorar suas relações familiares, profissionais e amorosas. O que acontece quando os doshas interagem pode ser uma dança capciosa — mas fascinante — de observar, mas saber as qualidades de todas as combinações ajudará você a percorrer esses cenários com mais graça. Para esse fim, a quarta parte contém orientações para o progresso de cada dosha — como cuidar de si mesmo e apoiar entes queridos — a fim de podermos nos "enxergar" de verdade.

No apêndice, você também encontrará tabelas que ajudam a ter uma visão geral dos doshas: suas características gerais e detalhes relevantes de como eles afetam os diferentes aspectos da vida abordados na terceira parte. Use essas tabelas como consulta rápida e auxílio para observar os paralelos das características de cada dosha conforme os encontra nesses ambientes distintos.

UMA OBSERVAÇÃO SOBRE ATRIBUTOS FÍSICOS

É essencial notar que, ainda que atributos físicos sejam um aspecto importante de nosso dosha, este livro enfatiza os efeitos dos doshas em nossa psique. Não porque os componentes físicos sejam menos importantes (na verdade, as saúdes mental e física dependem uma da outra), mas, com o esforço de destacar atributos mentais, você verá que nossa discussão sobre os atributos físicos é limitada. Isso ajudará você a evitar se moldar para se encaixar em componentes mentais de um dosha específico simplesmente porque seu físico é compatível.

Ater-nos a nossas emoções, pensamentos e comportamentos revelará oportunidades para consciência e crescimento, sobretudo porque muitos de nós têm menos experiência ou se sente menos à vontade para falar sobre sentimentos. Você pode se olhar no espelho, o que facilita a descrição de sua estrutura óssea, pele, cabelos e traços faciais. Contudo, quando se trata de compreender como você geralmente reage ao estresse ou de saber quais são suas principais emoções, talvez tenha de pensar a respeito com mais ênfase. Despertar para essas partes de sua constituição — suas tendências mentais e emocionais — oferece um sem-número de possibilidades para aprimorar sua relação consigo mesmo e com os outros. Quando você estiver pronto para explorar mais dos aspectos físicos do dosha, considere consultar meu primeiro livro, *The Ayurvedic Self-Care Handbook*, ou verifique outros livros listados na seção Fontes (página 239).

Como qualquer disciplina que exige ser analisada mais a fundo, talvez você descubra que o Ayurveda o incomoda na mesma proporção que o conforta. Mas essa clareza sem julgamentos é a verdadeira chave para prosperar em todos os aspectos da vida — se você estiver disposto a considerar cinco mil anos de evidências como prova. Se for para aproveitar uma única coisa deste livro, que seja observar e ouvir a si mesmo e aos outros sem julgamento. Algumas dificuldades estão tão entranhadas em nós como nossa estrutura óssea, portanto, pouco adianta passar a vida desejando que elas desapareçam. Mas são também esses aspectos — por exemplo, ser a menina tímida no parquinho, que por acaso também é alegre e boa em fazer os outros rirem — que dão oportunidade para nossos pontos fortes e habilidades se destacarem.

PARTE 1

Sua Verdadeira Natureza

CAPÍTULO 1

Os Fundamentos do Ayurveda

Não é necessário conhecer o Ayurveda a fundo para usar os doshas como guia para a vida, mas explorar os conceitos fundamentais é. E não somente para a compreensão, mas também para preservar a essência do Ayurveda. O Ayurveda é um sistema rico e ancestral e, mesmo que possamos extrair partes específicas de forma independente, — por exemplo, explorar o modo como nosso dosha influencia nosso trabalho, amor e vida, sem necessariamente adentrar rotinas alimentares e higiênicas —, ainda é melhor considerar o sistema de forma global. Se você já estuda o Ayurveda, isso servirá como um curso de reciclagem. Se é totalmente novato, vá devagar. É preciso tempo para entender muitos desses conceitos, e é normal sentir-se um pouco perdido antes de achar seu caminho. Para aprender mais do Ayurveda, para além dos doshas, a seção Fontes (página 239) apresenta uma lista para ajudá-lo a explorar.

A Sequência Macrocosmo-Microcosmo

O princípio mais básico do Ayurveda situa nossa existência na natureza, incluindo nosso(s) dosha(s), em um conceito conhecido como sequência macrocosmo-microcosmo. Esse princípio afirma que nós (o microcosmo) somos minimodelos do universo (o macrocosmo), e que tudo que acontece fora de nós também acontece dentro de nós. O ritmo de cada dia, as estações, a lua etc. têm um papel na maneira como nos sentimos, pensamos e nos comportamos. E não somos apenas influenciados pela natureza — nós *somos* a natureza. Os mesmos cinco elementos que encontramos no ar, no sol, nas árvores, nas pedras e na água também podem ser encontrados dentro de nós (assim como em outros animais!).

Todo conceito no Ayurveda se constrói com base nessa ideia, portanto, conhecê-lo torna mais fácil compreender outros princípios ayurvédicos. Isso também pode gerar mudanças radicais em nossa consciência e nosso bem-estar. Primeiro, aceitar que somos unos com a natureza nos deixará mais aptos a observar de prontidão o que está acontecendo no ambiente fora de nós. Ficamos mais cientes do clima, da luz no escritório ou do volume da música tocando em restaurantes e lojas. Parece trivial, mas na verdade é um treinamento essencial para trabalhar com os nossos doshas (e com os de outras pessoas). Essa consciência externa pode aflorar nossa habilidade de perceber a relação entre macrocosmo e microcosmo. Talvez seu lado passional e impetuoso se relacione à energia radiante do sol, suas oscilações mentais sejam similares ao vento forte ou, talvez, haja uma correlação entre névoa mental e dias nublados e carregados. A conexão nem sempre é unívoca, mas é um bom ponto de partida. Em última instância, quanto mais nos sentimos conectados com a natureza, maior consciência temos de nós mesmos e de nossa relação com a natureza.

Os Cinco Elementos

Ao observar o macrocosmo, você pode perceber que há certa sobreposição dentro de todos os microcosmos das criações da natureza. O Ayurveda explica isso por meio dos cinco elementos — éter (espaço), ar, fogo, água e terra —, que estão presentes em toda a vida em diferentes proporções. Esses elementos são os alicerces da natureza e, sendo responsáveis pela constituição física e mental, eles são cruciais para a plena compreensão do conceito de dosha.

Todos os cinco elementos são encontrados em tudo e em todos, já que são necessários para a existência das coisas vivas. Precisamos de espaço para expandir e reter, ar para respirar e mover, fogo para transformar e compreender, água para hidratar e fluir, e terra para nutrir e estabilizar. Entretanto, cada um de nós possui quantidade e expressão variáveis de cada elemento. É por isso que certas pessoas são descritas como *espaçosas* e outras, *calorosas*, e por isso estar perto de uma pessoa pode ser animador e, de outra, estabilizante. Talvez você não tenha percebido isso ou não sabia o motivo exato até agora, mas você já consegue detectar qual elemento é mais proeminente em alguém. Na verdade, é provável que já tenha usado os elementos para falar sobre traços da personalidade de uma pessoa e das interações entre você e ela.

SUA PAISAGEM INTERNA

Se você tem dificuldade para perceber como os elementos se expressam de maneiras diferentes, dê uma olhada nas paisagens naturais. O deserto, as montanhas e as praias têm sol, água e terra, mas fica claro que esses elementos estão presentes em quantidades variadas. Determinar quais elementos se expressam mais em você tem tudo a ver com perguntar como é sua paisagem interna. Você é o deserto quente e seco, as montanhas frescas e estáveis ou a praia morna e úmida? Com quais qualidades da paisagem você mais se identifica? Lembre-se de suas respostas conforme aprende os vinte atributos e como eles são usados para descrever os cinco elementos e as funções de seu corpo e sua mente.

Os Vinte Atributos

Podemos pensar que é fácil descrever os elementos já que os conhecemos tão de perto; mas o Ayurveda adora ser específico, portanto, oferece vinte atributos designados para descrevê-los. E, uma vez que você é feito de elementos, esses atributos não descrevem somente os elementos, eles descrevem você. Esses descritores básicos, chamados *gunas*, apresentam-se como dez pares de opostos (ou, então, imagine dez sequências): pesado/leve, achatado/afiado, frio/quente, úmido/seco, suave/áspero, denso/fluido, macio/duro, estático/móvel, sutil/grosseiro, claro/turvo. Considerando essas sequências, sabemos que nada é um atributo ou outro (como quente *ou* frio, seco *ou* úmido); todas as coisas são os dois. Canela e pimenta são apimentados, portanto, estão mais próximos da extremidade "quente" da sequência. O nível de calor varia entre os dois – a canela é menos apimentada que a pimenta –, mas o atributo do calor ainda está em cada um deles.

Como os atributos também são palavras usadas em nosso vocabulário do dia a dia, você não somente descobrirá que pode aplicá-los facilmente ao que sente mas que eles também tornam os elementos e os doshas mais identificáveis. Por exemplo, o fogo é o único elemento descrito como penetrante. Talvez você consiga deduzir se tem ou não muito fogo comparado a outros elementos, mas, em última instância, isso acontece porque você está ciente das qualidades impetuosas e afiadas que possui, como uma *inteligência impetuosa* ou uma *língua afiada*.

Mesmo que você não se identifique com esse exemplo específico, imagino que já tenha passado por momentos *ásperos* e *duros*, que houve dias em que sua mente estava *clara* e outros, *turva*, que certas situações deixaram seu coração *pesado*, e que sentiu alívio quando os problemas ficaram mais *suaves*. Quando você estiver ciente de como essas simples palavras se alinham aos seus sentimentos, humores, emoções e experiências, você será capaz de conectá-los, e a si mesmo, aos elementos e aos doshas.

Agora, vamos analisar com mais detalhes os gunas de cada elemento e como essas propriedades podem se manifestar sobre você.

Éter

leve, seco, frio, claro, sutil

O éter é o elemento mais expansivo e infinito de todos. Ele auxilia nas qualidades ilimitadas de sua mente e de suas emoções, e desperta temas como criatividade, liberdade, possibilidade e potencial. É o éter que o torna espontâneo e cheio de ideias. Ele o ajuda a ter êxito nas etapas iniciais dos projetos, reside em sua individualidade, busca se livrar de estruturas e cronogramas, e vive fora dos padrões. Porém, os atributos leve, frio e seco podem também se apresentar como dificuldades: insegurança, medo, vazio, nervosismo, solidão, preocupação e sensação de inquietação.

Ar

móvel, leve, seco, duro, áspero, frio, claro, sutil

O ar facilita o movimento mental e nos incentiva a fazer mudanças e a trocar de direção. Ainda que tenha atributos semelhantes aos do éter, o ar tem uma qualidade que se destaca: a mobilidade. Em nossa mente, o ar é como o vento: ativo, animado, rápido. Ele nos faz pensar rápido, ter reações imediatas, vivacidade, e ansiar por novas experiências e por variedade. Essas características podem ter opostos menos desejáveis, similares às do éter — preocupação, medo, insegurança ou solidão —, e a presença da mobilidade os torna maiores ainda. Essa qualidade pode facilmente transformar a expansividade em instabilidade, uma abundância de ideias em mentes inquietas, energia rápida em esgotamento e desejo por espontaneidade em falta de estrutura. É como ligar um ventilador na velocidade máxima com pilhas de papel em cima da mesa, deixando sua mente muito dispersa.

Fogo

quente, penetrante, leve, seco, sutil

O fogo é o elemento da transformação. Ele atiça nossas paixões, transmuta o pensamento em ação e transforma o que comemos em combustível. Esse elemento é responsável por motivar você, afiando seu intelecto e suas emoções, e conferindo a você habilidades de liderança. Quando você tem fogo na mente, suas metas estão no lugar; sua lista de afazeres, cheia, e você tem um ímpeto tão intenso quanto o brilho do sol. Esses atributos de fogo estimulam a produtividade e as realizações, mas também fomentam raiva, frustração, ressentimento, irritabilidade, *burnout* e uma necessidade não saudável de estar no controle.

Água

pesada, úmida, macia, suave, resistente, fluida

A água não serve apenas para hidratar — ela também estimula sua natureza fluida, facilitando a adaptação a mudanças (que fazem parte da natureza) e a "seguir o fluxo" sem desconforto ou drama excessivos. A água não é tão fixa quanto a terra, mas você verá que, por ser pesada, não é tão fácil se movimentar nela quanto é no ar. Esse peso indica que a água é estável e poderosa, apesar de também ser macia e fluida. Quando essas propriedades se tornam integradas a sua mente e a suas emoções, elas dão origem à paciência, compreensão, lealdade, dedicação, estabilidade, resiliência e a um profundo senso de cuidado. Quando o elemento água atrapalha nossos pensamentos, emoções e comportamentos, ele aparece como tristeza, coração pesado, raciocínio lento, teimosia, falta de motivação e pensamentos turvos.

Terra

pesada, úmida, macia, suave, achatada, densa, turva, grosseira, estática, fria

A terra nos deixa alicerçados e calmos em momentos instáveis e carrega o título de elemento mais pesado e estático de todos. Mesmo que seja ótimo ter flexibilidade mental, esse elemento estático é essencial para proporcionar estabilidade, apoio e estrutura. Quanto mais elemento terra você tem, mais seguro e alicerçado se sente, o que é bom até o ponto em que ele é tão abundante que você se sente travado, apegado, deprimido, afastado e avesso a mudanças. Se você é uma pessoa de terra, talvez sempre precise estar de olho nessas emoções, mas, quando a terra trabalha a seu favor, as pessoas o descreverão como calmo, fácil de lidar, compassivo, honesto, acolhedor e cuidadoso.

Na próxima seção, você aprenderá que cada um dos três doshas se constitui de dois elementos. Por terem nomes em sânscrito, talvez você acabe recorrendo aos elementos para ajudar a compreendê-los melhor. Em vez de usar os dois elementos para nomear um dosha, podemos nos referir ao elemento primário de cada um: vata é ar, pitta é fogo e kapha é terra (o outro elemento é o "receptáculo" do dosha — o que contém o elemento ou é o meio pelo qual ele se expressa). É provável que você entenda com clareza os elementos e seus atributos por vivenciá-los na natureza e, uma vez que não precisa pensar muito para saber como são o espaço, o ar, o fogo, a água e a terra, eles podem proporcionar um vínculo mais direto com seu dosha e sua conexão com a natureza.

ESTUDO INDIVIDUAL

ELEMENTAL, MEU CARO LEITOR!

Para aprimorar sua experiência em aprender como os cinco elementos e os vinte atributos se relacionam a você, pense nos elementos com os quais você mais se identifica e onde tende a ficar em cada sequência de atributos. Use como guia as perguntas a seguir:

1. Com qual elemento você mais se identifica? E com qual menos se identifica?
2. Quando você está se sentindo no auge, onde você ficaria em cada sequência? Onde você se coloca agora?
3. Há emoções, humores ou sentimentos que você vivencia com mais regularidade? Como eles seriam descritos por meio dos vinte atributos?
4. Pense em um(a) conhecido(a) seu(sua) que tenha muito éter. Como a personalidade dele(a) é parecida e contrastante com a sua? Faça esse exercício para cada um dos cinco elementos a fim de verificar como os elementos podem aparecer de várias maneiras em pessoas diferentes.

Os Três Doshas

Agora que você já viu os fundamentos do Ayurveda, é hora de entrar no assunto principal: os doshas. Usados para explicar como a natureza se expressa dentro de nós, a função dos elementos em nossa saúde e a maneira como pensamos e interagimos com os outros, os doshas — também chamados de "constituições" — são uma teoria central do Ayurveda.

Cada um dos três doshas compreende dois elementos: vata (éter + ar), pitta (fogo + água), kapha (água + terra). E, como os vinte atributos são usados para descrever os elementos, você também descobrirá que o vínculo entre os elementos, os atributos e os doshas oferece um panorama completo da contribuição dos doshas para nossa fisiologia geral, sobretudo como eles atuam em nossas emoções, pensamentos e comportamentos. Falaremos sobre os doshas em dois contextos diferentes:

1. Como os doshas definem nossa biologia humana (você descobrirá isso na próxima seção).
2. As sete diferentes expressões ou combinações dos doshas; como eles surgem no trabalho, no amor e na vida; e, o mais importante, qual das combinações pertence a você (nossa jornada nessa seara começará no Capítulo 2).

Juntos, os três doshas são responsáveis por seu biotipo e todas as funções, órgãos e tecidos de seu corpo e sua mente. Ainda que haja outros conceitos no Ayurveda para preencher todos os detalhes da fisiologia humana, os doshas abarcam a maioria (porque tudo é elemental, lembre-se disso!). Cada dosha tem uma função primária, órgãos específicos que ele rege e tendências mentais, comportamentais e emocionais associadas — o bem e o mal, nossos lados sombra e luz. Assim, enquanto sua constituição às vezes é mencionada como mente-corpo ou por um modo de categorizar sua personalidade, ela é na verdade muito mais rica, uma vez que seus doshas se encarregam de manter tanto o funcionamento de todos os seus sistemas corporais quanto a maneira como você existe no mundo.

Reiterando: como os elementos, todos os doshas estão presentes em todo mundo. Ninguém pode afirmar que não tem um ou outro. Isso quer dizer que, assim como todos nós temos olhos, sangue e pele, também somos capazes de ser criativos, organizados e compassivos. É por isso que é crucial primeiro aprendê-los de uma perspectiva biológica – você pode pensar nisso em termos musicais: aprender as notas (os três doshas) vem antes de aprender a tocar as escalas (as sete expressões dos doshas).

VATA

Éter + Ar

leve, seco, duro, áspero, frio, claro, sutil, móvel

Abrangendo éter e ar, o vata é o dosha mais leve, mais seco, mais frio e o único móvel dos três. Como tal, sua ação primária é o movimento. Todo movimento de seu corpo e de sua mente — circulação sanguínea, movimento das articulações, respiração e impulsos neurológicos — deve-se ao dosha vata. (Contudo, embora responsável pelo movimento, as estruturas e os humores que o vata move muitas vezes são conectados com outros doshas; por exemplo, a circulação do sangue é uma função vata, mas o sangue é um tecido regido pelo pitta.) O dosha vata também rege nervos periféricos, orelhas, ossos e intestino grosso. Quanto à mente e ao comportamento, ele é responsável pela espontaneidade, pela capacidade de aceitar mudanças e pela criatividade (mesmo que você ache que tem apenas um grama disso), mas também é o motivo por que você se sente preocupado ou ansioso.

PITTA

Fogo + Água

quente, penetrante, leve, úmido ou seco, fluido

Pitta é composto de fogo e água, embora seja mais conhecido como o dosha do fogo, considerando que o fogo é o elemento mais responsável pela função primária do pitta: transformação. As labaredas do pitta são o que nos permite digerir alimentos e pensamentos, o que inicia as mudanças hormonais (como puberdade, menopausa e andropausa), e o que transforma o que vemos em um pensamento, sentimento ou movimento (vata é o movimento em si; pitta é o que converte um pensamento em movimento). Ele permite à mente converter pensamento em compreensão e intelecto. Ele também rege a pele, os olhos, o sangue, o fígado, a bile, as enzimas e tudo o que se relaciona ao coração emocional e ao cérebro. Seu dosha pitta é o que dá a você uma mente afiada, confiança, as habilidades de que precisa para planejar e organizar e a convicção necessária para ir em busca de sonhos e defender crenças. Também é responsável por emoções como raiva, frustração e julgamento.

KAPHA

Água + Terra

pesado, úmido, macio, suave, resistente, denso, turvo, grosseiro, estático, frio

Composto de água e terra, o dosha kapha é o que nos proporciona crescimento, estrutura e proteção. Com as qualidades pesadas e estáveis da água e da terra, o kapha naturalmente rege a imunidade, o tecido adiposo (gordura), as camadas de mucosa encontradas em todos os tratos corpóreos, o fluido sinovial (articulações) e a linfa. Também se relaciona às etapas digestórias que ocorrem na boca (com o fluido kapha da saliva) e no estômago (em que a mucosa estomacal é regida pelo kapha). O kapha também comanda as funções de todo o sistema respiratório, do coração físico e do cérebro. Na mente e nas emoções, o kapha é amor, compaixão e instinto de acolhimento e cuidado para com outras pessoas. Por outro lado, ele pode fazer você se sentir travado ou triste.

Para uma pesquisa rápida dos vários aspectos dos três doshas, veja a tabela da página 225. Repare em como eles se diferem entre as categorias e como você se relaciona a cada um dos doshas.

Semelhante Atrai Semelhante e Equilíbrio Entre Opostos

Nosso dosha inerente, ou *prakriti*, serve como um lar-base. É o local onde nos sentimos no auge da saúde e com a capacidade máxima para prosperar. Contudo, há momentos em que nos afastamos dele, o que nos deixa doentes ou sem autenticidade. Quando vivenciamos essa situação, estamos em um estado de desequilíbrio chamado *vikriti*. Na maioria das vezes, isso é resultado do acúmulo de um dosha, de um elemento ou de um atributo — o que poderia ser considerado uma teoria do tipo "semelhante atrai semelhante". Conseguimos tolerar as pequenas danças de qualidades no dia a dia, como oscilar entre frio e calor, leve e pesado, úmido e seco; elas são como sinais em nosso radar de saúde. Porém, ao consumirmos alimentos repetidamente, sermos expostos a elementos ou vivenciarmos emoções que produzem as mesmas qualidades em nós várias vezes seguidas, sem trégua, acabamos ficando doentes — e, em geral, com uma condição (no corpo ou na mente) que tem essas mesmas qualidades. Isso pode acontecer com qualquer um dos atributos, embora o conceito possa ser mais fácil de observar ou entender por meio de certos atributos que de outros.

Por exemplo, se em um dia você consome alimentos secos por natureza, como café, biscoitos, *pretzels* e pipoca, pode se sentir excepcionalmente desidratado ou com sede. Se você toma uma sopa apimentada ao ar livre num dia ensolarado, pode se sentir com calor ou começar a ter brotoejas. Ao fazer uma dieta composta sobretudo de alimentos pesados, como frituras, carnes e queijos, talvez você note uma sensação cada vez maior de lentidão e peso. Se essas circunstâncias continuam por mais tempo e/ou vêm acompanhadas de características mais secas, quentes ou pesadas, o resultado será mais extremo. A pessoa que sente sede começará a ter secura ocular e cutânea, quem sente calor pode começar a ter queimaduras e quem se sente lento e pesado pode começar a ganhar peso.

Se a situação não for remediada, os sintomas continuarão a se complicar. Esse processo não se limita a causas ou a condições físicas; ele também se estende à mente e às emoções. Causas físicas podem levar a desequilíbrios físicos ou mentais, e causas não físicas podem gerar desequilíbrios dentro do corpo ou da mente.

Desequilíbrios de todo tipo podem acontecer com qualquer pessoa, mas é mais provável haver desequilíbrios nos doshas, nos elementos ou nos atributos que sejam mais predominantes em você. Há menos chance de erro quando certas qualidades estão presentes em maiores quantidades, semelhante a adicionar gotas d'água em um balde quase ou totalmente cheio. Pessoas vata tendem a ter desequilíbrios frios, móveis e secos. Já os pitta podem presenciar mais condições quentes e penetrantes durante a vida. E os kapha têm maior propensão a doenças pesadas e estáticas. Ainda assim, não é impossível uma pessoa de ar ou de terra ter desequilíbrio de fogo, ou uma pessoa de fogo ou de terra ter desequilíbrio de ar. Considerando tantos fatores em jogo, como a natureza da sociedade, as mudanças de estação e a vida moderna em geral, tudo é possível.

ESTUDO INDIVIDUAL

O QUE DEIXA VOCÊ EQUILIBRADO?

Se semelhante atrai semelhante e opostos se equilibram, podemos usar a teoria dos gunas para encontrar equilíbrio por meio de atividades, alimentos ou pessoas que podem contrabalancear os sintomas que estamos vivenciando.

1. Quais atividades você faz atualmente para manter uma sensação geral de bem-estar (medita, escreve em um diário, tem uma rotina saudável, consome alimentos sazonais, faz exercícios físicos)?

2. Quando você não se sente bem ou se conscientiza de um pensamento ou padrão comportamental que necessita de atenção, quais atividades o ajudam a se reequilibrar?

3. Após compreender suas atividades e seus padrões atuais por meio das lentes do Ayurveda, quais modificações você poderia fazer em sua rotina diária? Considere as qualidades que você precisa incorporar (consulte a página 22) e os elementos e doshas relacionados a elas.

Quando se trata de doenças, presta-se mais atenção ao acúmulo ou aumento de uma qualidade, de um elemento ou de um dosha, mas não é só uma questão do que está crescendo; também é importante descobrir por quê. O Ayurveda reconhece três causas principais de doenças ou motivos pelos quais pode ocorrer o acúmulo.

O primeiro é quando agimos contra a natureza ou o tempo, em oposição aos ritmos da Mãe Natureza, ou não conseguimos nos alinhar com nossa natureza verdadeira, interna. Exemplos variam desde usar roupas inapropriadas para a estação a fazer escolhas que não são genuínas para nós, como participar de certas atividades na infância sem ter interesse, puramente para agradar aos pais, ou escolher, na vida adulta, uma carreira por conta do *status* social que ela trará. Você pode relacionar um atributo à maneira como essas coisas o fazem se sentir — um casaco fino demais no inverno e você vai passar frio; frustração por fazer coisas que não quer fazer aumentarão seu calor interno. Quanto mais você as suporta, mais elas crescem.

A segunda causa do desequilíbrio é o mau uso do intelecto, como, por exemplo, quando você sabe que não deveria ficar acordado até tarde como fica, trabalhar tanto quanto trabalha ou tomar uma taça de vinho a mais. Não estou sugerindo que não deve haver espaço para variedade, espontaneidade ou prazeres de vez em quando, mas, quando isso se torna hábito, displicência ou contribui para uma condição já existente, você verá os efeitos se acumulando.

Por fim, tendemos a ficar doentes ao negligenciarmos os sentidos. No passado, os sentidos eram fontes de sobrevivência. Nossa capacidade de prosperar dependia da habilidade de ouvir predadores, testar plantas venenosas ou sentir cheiro de fogo. Se interpretássemos essas informações da forma errada, poderíamos ficar entre a vida e a morte como consequência. Hoje em dia, nossos sentidos são hiper e hipoestimulados. Somos hiperexpostos a telas, eletrônicos, propagandas e ao "barulho" em todos os sentidos da palavra. Não obstante, por conta do acesso excessivo aos aparelhos digitais, também sofremos déficit de estímulos quando se trata de interações no mundo real. Com frequência muito maior, observamos a natureza por uma tela, sem vê-la pessoalmente.

O Ayurveda nos ajuda a corrigir esses desequilíbrios com cuidados abrangentes, que variam da prevenção à cura. Irregularidades no sono, na energia, na digestão, no humor e na pele — mesmo pequenas — são consideradas importantes e tratadas por meio de mudanças na dieta, terapias herbais, exercícios respiratórios, posturas de yoga, meditação e componentes da rotina diária (por exemplo, esfoliação, automassagem e limpeza da língua). Todos os planos de tratamentos são exclusivos do indivíduo e levam em consideração o dosha inerente, o desequilíbrio de doshas e a estação. Antiga e inspirada pela natureza, a abordagem ayurvédica pode parecer muito diferente da medicina ocidental; entretanto, muitos dos conceitos de base parecerão razoáveis e instintivos. Isso faz com que a integração dessa medicina pareça nossa segunda (ou mesmo primeira!) natureza. E, como a sociedade moderna e a tecnologia nos privaram de alguns ritmos naturais, aprender o Ayurveda pode parecer uma volta para casa. À medida que você se familiariza com os doshas e como eles aparecem dentro de você e ao seu redor, preste atenção a quais elementos e qualidades lhe dão essa sensação de equilíbrio, de reconexão consigo mesmo ou de volta para casa.

É MEU DOSHA OU MEU DESEQUILÍBRIO?

Pode ser difícil distinguir a diferença entre as tendências naturais do seu dosha e um possível desequilíbrio. Mesmo no auge da saúde, temos oscilações naturais de humor, da mente e do físico, o que torna complicado saber se o que estamos observando em nós mesmos é nossa constituição inerente ou se representa uma situação incômoda. As perguntas a seguir podem ser usadas como critério para orientar você nesse processo. Mantenha as respostas à mão e consulte-as ao fazer o questionário sobre doshas (páginas 46-48) e à medida que aprende mais de cada combinação de doshas na Parte 2.

1. Seu estado atual é natural e comum para você ou está fora do normal? Quando se trata de um estado anormal físico ou mental, como não gostar de suas coisas ou pessoas favoritas, há chances de que você esteja em estado de desequilíbrio, mesmo que em magnitude gerenciável. Por outro lado, se o que você sente é comum ou familiar, como ansiedade por conta de uma prova ou um primeiro encontro, há grande probabilidade de que seja um sinal do seu dosha.
2. Como você chegou a esse estado? A maneira como se sente é uma manifestação de circunstâncias excepcionais ou é apenas você sendo você? Quando o que você vivencia resulta de atividades cotidianas ou mais do mesmo (isto é, ficar acordado até tarde certa noite, faltar na academia por alguns dias ou se encher de doces em um feriado), é provável que seu dosha esteja em jogo. No entanto, se você chegou a esse ponto por ações excepcionais, um evento traumático, um comportamento mais extremo que o habitual ou um acúmulo de escolhas de vida pouco recomendáveis (por exemplo, pular refeições, exercitar-se em excesso, mudança no trabalho, morte na família ou cansaço excessivo no trabalho e excesso de responsabilidades pessoais), o que você está vivenciando é um provável desequilíbrio.

3. Essa sensação é breve ou duradoura? É verdade que mesmo os menores obstáculos na estrada podem ser considerados desequilíbrios. Mesmo assim, algo que só esteve presente em você por horas ou dias geralmente não mudará os resultados de um questionário ou será relevante ao decidir qual é seu dosha. Por outro lado, se faz semanas, meses ou anos que você se sente mal e não houve mudança ou melhora, certamente trata-se de um desequilíbrio.
4. Em sua opinião, o que você está vivenciando é fácil de recalibrar? Claro, um pequeno desequilíbrio pode ser fácil de gerir – como lábios ressecados, certo nervosismo antes de uma apresentação ou um pouco de cansaço após viajar –, sobretudo se você está acostumado a lidar com isso. Entretanto, se encontrar equilíbrio está ficando desafiador ou sem sucesso, trata-se de um desequilíbrio real, e não apenas de uma característica de seu dosha.

Observação: usamos o termo "dosha" ao representar estados de saúde e de mal-estar. Mais adiante, a palavra "dosha" será usada de maneira intercambiável com "prakriti", ou a constituição inerente de uma pessoa. Se dosha for usado em qualquer outro contexto, deixaremos especificado – como quando nos referimos ao "vikriti", ou desequilíbrio, de alguém.

CAPÍTULO 2

Conhecendo seu Dosha

Vimos que vata, pitta e kapha existem em todas as pessoas, mas, quando se trata de aplicar os conceitos ayurvédicos à nossa própria vida, é essencial saber quanto de cada um temos dentro de nós. Uma ideia sólida de sua combinação de doshas ajudará você a ver em quais áreas da vida terá sucesso e desafios, a mapear suas necessidades de apoio e autocuidado e cogitar a possibilidade de mais harmonia no trabalho, entre familiares e em todos os tipos de relacionamento. Se você não identificou qual é seu dosha com base no que leu até agora, saberá no fim deste capítulo, ou ao menos reduzirá a duas possibilidades. Há algumas maneiras possíveis em que os doshas podem se expressar:

- Você pode ser **unidosha** e predominantemente vata, pitta ou kapha. Ser unidosha significa que você ainda é capaz de observar traços de todos os doshas, mas as características de um se destacam mais e de modo contínuo em comparação com as dos outros dois.
- Você pode ser **bidosha**, ou seja, com dois doshas se manifestando de maneira proeminente, e o terceiro dosha ser bem menos perceptível. Os bidoshas são vata-pitta, pitta-kapha e vata-kapha. Com essas combinações, os dois doshas mais presentes são iguais ou quase iguais. Uma noção que vale a pena ter em mente ao

refletir sobre seu próprio dosha é que é mais comum ser bidosha. Há chances de que, se você se sente realmente conectado com dois, tanto se descobrir que seus aspectos físicos e mentais são uma mistura saudável dos dois quanto se perceber que suas características físicas se encaixam em um, e as mentais, em outro, provavelmente você é bidosha. Neste livro, você sempre verá bidoshas escritos como vata-pitta, pitta-kapha e vata-kapha, mas em outras fontes e contextos onde haja evidências de maior predominância de um dosha no par, talvez você o veja escrito em ordem inversa.

- Você pode ser **tridosha**, possuindo todos os doshas na mesma quantidade. Essa é a expressão mais rara de doshas, mas, ao mesmo tempo, é o que a maioria de nós presume quando começamos a estudar. Isso porque vamos, e deveríamos, nos ver em todos os doshas. Mas, ao explorar mais a fundo, frequentemente fica claro que apenas um ou dois doshas são de fato identificáveis. A pessoa tridosha é como um unicórnio, e é assim que a chamaremos ao longo deste livro.

Quer você se encaixe na categoria uni, bi ou tridosha, ainda será uma pessoa única. Sua constituição inerente, ou prakriti (em oposição a vikriti, que, como aprendemos no capítulo anterior, significa desequilíbrio de doshas), foi determinada no momento em que você foi concebido. Ela depende de vários fatores, como a saúde de seus pais — se um deles ou ambos estava lidando com algum grau de doença ou desequilíbrio, mental ou fisicamente, no instante de sua concepção, isso se manifesta em sua expressão genética. O horário, o dia e o local em que você nasceu e o alinhamento planetário — ou o horário de sua concepção e nascimento – também influenciam seu dosha. Mesmo que você não consiga conectar seu horário e local de nascimento a uma equação para determinar seu dosha como consegue fazê-lo para determinar seu signo astrológico, signos são associados a elementos e, portanto, podem causar maior expressão elemental em você. Isso também acaba afetando seu dosha. Os fatores que contribuem para definir seu dosha nunca podem ser repetidos ou replicados, uma vez que não há ninguém exatamente igual a você agora e nunca haverá.

Ao mesmo tempo, você está destinado a encontrar alguém com a mesma constituição de doshas que a sua apenas para descobrir que, embora possuam similaridades em assunto gerais da vida, vocês são diferentes em vários aspectos. Talvez vocês sejam predominantemente pitta e de natureza fogo, mas um é ortopedista e o outro, advogado corporativo. São duas profissões diferentes, mas ambas são áreas de trabalho competitivas que exigem pós-graduação — duas características típicas de fogo. Outra possibilidade é o elemento fogo ser expresso em uma pessoa por meio de sua ilustre habilidade de planejar e organizar e, em outra, por meio de suas fortes capacidades de liderança. Aqui, a mensagem é que o botão da seleção pode ser virado em uma direção, mas estamos bem sintonizados com nossos caminhos individuais.

Como adoro cozinhar, gosto de pensar em cada um de nós como um prato especial e nos doshas como nossos ingredientes. Vata é arroz branco; pitta, a proteína — usaremos tofu —, e kapha, o molho. Se você é unidosha — digamos, pitta –, é como ter um prato com bastante proteína e uma pequena porção de arroz e molho. Se você é bidosha, como vata-pitta, seu prato é feito principalmente de arroz e tofu, com molho por cima. E, se você é tridosha, bem, é basicamente um jambalaia. Portanto, o que precisamos descobrir agora é: que prato você é?

Uma avaliação exata de sua constituição geral demandará algum tempo, e talvez você acabe achando melhor buscar ajuda de um profissional do Ayurveda. Mesmo assim, sem dúvida este capítulo será um pontapé inicial para você, e cada capítulo seguinte continuará a preencher as lacunas. Aqui estão algumas dicas para ter em mente:

- Comprometa-se em aprender todas as sete combinações de doshas antes de decidir qual delas (ou qual par) melhor define você. As perguntas de estudo individual mais adiante e o questionário sobre doshas nas páginas 46-48 darão uma direção, mas a Parte 2 lhe concederá ímpeto e confirmação.
- Por ser constituído de todos os doshas em quantidades variadas, você sentirá, no mínimo, um pouco de conexão com cada um deles. Destaque, circule, sublinhe e faça anotações nas margens quando encontrar um aspecto de um dosha com que você se identifique. Esse tipo de rastreio o ajudará a criar um registro para que possa verificar até que ponto você se conecta com cada dosha.
- Estamos em busca de padrões, não de coisas isoladas, portanto, considere como você esteve na maior parte da vida, sobretudo na infância (quando tinha menos influências capazes de moldar suas qualidades). Se você fizer associações com base apenas no que sente no momento, provavelmente identificará seu estado de desequilíbrio em vez do dosha inerente (consulte as páginas 35-36 para auxiliar a distinguir a diferença).
- Não se compare com outras pessoas, inclusive sua família. Em vez disso, pense em si mesmo e no que é natural, saudável ou ideal para você.
- Ao avaliar suas emoções ou tendências mentais, considere qual é, ou tem sido, sua primeira reação, ou a mais frequente. Faça isso em vez de deixar passar uma reação ou emoção recorrente simplesmente porque você aprendeu a lidar com ela. Por exemplo, se você era irritadiço, essa tendência ainda é uma parte sua, mesmo que já faça anos que você não se descontrole. Meus parabéns por ser capaz de reconhecê-la fervilhando e saber como dissipá-la, mas a questão é que ela ainda pode dar as caras.
- Evite focar o que você tem de "errado". Seja o mais objetivo possível e dê um desconto a si mesmo. É fácil enxergar apenas o que

você percebe como características negativas, e, na verdade, essas mesmas características podem ser os principais fatores de identificação quando o assunto é designar um dosha. É só lembrar que, para cada característica sombria, há outra que o faz brilhar, portanto, não deixe de observar esta última também.

- Às vezes, a maneira como nos vemos é enviesada, portanto, se você ficar travado, pense no que outras pessoas diriam a seu respeito, sobretudo as que você conhece melhor. Se temos baixa autoconfiança ou pontos cegos quando se trata de nossas próprias características, talvez não tenhamos a perspectiva mais precisa sobre quem realmente somos. Isso pode nos levar a responder incorretamente às perguntas do questionário ou nos identificar com características que não fazem parte de nossa verdadeira natureza.
- Considere quais elementos e atributos (veja o Capítulo 1) são mais proeminentes em você. Esses conceitos são menos complexos, mas ainda são representativos dos doshas. Vá às páginas 23-25 para refrescar a memória.
- Se você precisa de um breve resumo das qualidades de determinado dosha, consulte as tabelas do Apêndice (páginas 225-38) sobre características físicas e mentais, lados luz e sombra e relacionamentos.

Antes de ter um panorama completo de cada uma das combinações de doshas, que tal se conhecer um pouco melhor? As próximas seções começarão a lhe dar uma visão mais granular de cada dosha. Aqui, você terá uma prévia de cada seção e, ao mesmo tempo, aprenderá a respeito de si mesmo por meio de dicas para estudo individual. Aborde essas dicas com certa objetividade, como um cientista coletando dados. Tente evitar o julgamento, já que não há respostas ruins ou erradas. Se você se perceber crítico além da conta, apegado ou definindo-se com base nas emoções, considere pedir a opinião de uma pessoa de que você goste ou simplesmente se afaste do processo e volte a visitá-lo em outro momento.

Conheça os Doshas

"Conhecer" um dosha é saber as características principais e a personalidade dele, bem como as condições de saúde em que ele é mais afetado. A seguir estão as categorias gerais com base nas quais falaremos sobre essas características, que oferecerão uma estrutura consistente para ajudar você a construir uma imagem completa de como é cada dosha de modo geral e as maneiras mais comuns em que eles se apresentam.

ESTUDO INDIVIDUAL

CONHECE-TE A TI MESMO

Você pode conhecer bem sua natureza interna e externa, mas, ao determinar seu dosha, é importante ter no *front* mental os detalhes, como experiências passadas e tendências e desequilíbrios físicos, mentais e comportamentais variados. Escreva uma breve descrição de si mesmo que inclua atributos físicos e não físicos. Pense em como você poderia se descrever para um desconhecido em um café, em uma primeira conversa com um profissional da saúde ou em uma discussão com seu melhor amigo. Não se limite a coisas como cor dos olhos e cabelos, e dê detalhes de sua estrutura óssea, de sua massa ou tônus muscular e das dimensões de seus traços faciais. Escreva sobre questões de saúde passadas e atuais (físicas e mentais) e sobre quaisquer padrões em que talvez você tenha notado uma evolução ao longo da vida. Explique algumas das características mentais que mais o definem e quaisquer eventos emocionais que possam ter lhe ensinado alguma coisa. Use essa descrição abrangente como uma referência ao fazer o questionário sobre os doshas, e não deixe de consultá-la conforme nos aprofundamos nos doshas.

Luz e Sombra

Todas as pessoas, ou doshas, têm características de que gostam e outras que gostariam de ignorar ou esconder. Em outras palavras, cada um de nós possui um lado "luz" e um lado "sombra". Esses lados diferentes vêm num pacote, uma vez que os pontos fortes que enxergamos sob uma luz positiva também podem lançar sombra em nossos pontos fracos. Por exemplo, seu amor por mudanças pode deixá-lo com fobia de compromissos, suas habilidades de liderança podem refletir uma tendência para o controle e sua capacidade inata de se manter calmo e com os pés no chão também pode deixá-lo travado. Portanto, por mais que queiramos que nossos traços menos desejáveis não existam, não podemos ter o positivo sem o negativo.

Nossas motivações e nossos medos mudam a frequência entre os lados luz e sombra. Quando estamos motivados a ter novas experiências, demonstraremos empenho para adaptação e ficaremos abertos a mudanças. Quando motivados por resultados e produtividade, potencializaremos nossa habilidade de foco. O que nos impulsiona pode nos levar para a luz. Por outro lado, nossos medos ativam o que está à espreita no lado sombra de nosso dosha — especificamente os medos que influenciam decisões diárias. Esses medos, ou percepções, podem gerar um desconforto constante e levar você a mudar de comportamento com regularidade, como o medo de perder, de não ter valor ou de chatear alguém. Suas motivações e medos também contribuem para os principais "porquês" da vida. Se você não sabe o que o impulsiona, faça uma série de perguntas com "por que?". Por que você quer viajar? Por que chegar na hora é importante para você? Por que você acha importante o que os outros pensam?

ESTUDO INDIVIDUAL

ASSUMA SUA LUZ… E SUA SOMBRA

Faça uma lista de seus três principais atributos (por exemplo, quente/frio, seco/úmido, móvel/estático). Você pode voltar à página 22 para relembrar todos os atributos. Para cada um deles, dê um exemplo de uma característica luz e de uma característica sombra (por exemplo, "a mobilidade dá luz ao meu espírito aventureiro, mas cria um lado sombra que me torna incapaz de me comprometer"). Você enxerga uma relação entre essas características e em como seus pontos fortes e desafios podem se retroalimentar? Mais adiante você lerá sobre as forças e as vulnerabilidades mais comuns de cada dosha, mas, usando o que sabe até agora, consegue prever o que as suas forças e vulnerabilidades dizem a seu respeito?

Comunicação

A comunicação é a chave para todas as áreas da vida. Saber quando ser direto, despreocupado ou sucinto não apenas confirma a mensagem que você quer transmitir, como também garante que você se saia bem com seu interlocutor. Cada dosha tem um método preferido de se comunicar (por exemplo, por escrito, pela fala ou pessoalmente), além de um estilo preferido. Saber isso a seu respeito é útil para transmitir informações mas também pode auxiliá-lo a descobrir uma conexão mais forte com seu dosha. Da mesma forma, como sempre há a possibilidade de o interlocutor interpretar a mensagem à própria maneira (o que talvez não tenha sido sua intenção), conhecer o estilo de comunicação do dosha da outra pessoa pode livrá-lo dessa situação.

ESTUDO INDIVIDUAL

COMO VOCÊ SE COMUNICA?

Quais são os elementos-chave de sua comunicação (breve ou demorada, detalhada ou genérica, direta ou indireta, franca ou com rodeios)? De que forma prefere que as pessoas se comuniquem com você? Pense em alguém com quem você conversa com facilidade. Quais são as três coisas que tornam a interação entre vocês fluida?

Estresse

Praticar o Ayurveda não livrará você do estresse, mas pode ajudá-lo a reconhecer e interpretar os fatores estressores e a ficar mais consciente e no controle das suas reações ao estresse. Sob estresse, nosso sistema nervoso é estimulado — sobretudo a área simpática do sistema nervoso autônomo. Isso é conhecido como resposta de luta, fuga ou congelamento, uma função fisiológica presente em todos os animais e observada quando se sentem ameaçados; por exemplo, um gambá congelará ou fingirá de morto, um leão lutará e um pássaro fugirá voando.

Ainda que nossos estressores diários geralmente não envolvam o confronto com um predador, nossa biologia congelar/lutar/fugir é ativada da mesma maneira quando enfrentamos perigos. Para nós, é mais como evitar o estresse como se ele não existisse (congelar), encarar o problema e tomar uma atitude (lutar) ou buscar uma saída (fugir). Meu professor, dr. Lad, dava um exemplo de reações ao estresse para os três doshas (vata, pitta, kapha) que realmente ia direto ao ponto. Ele dizia que, se os três doshas estivessem numa sala e vissem uma cobra no canto, o vata gritaria e correria (fuga), o pitta mataria a cobra (luta) e o kapha ficaria parado (congelamento).

ESTUDO INDIVIDUAL

CONGELAR, LUTAR OU FUGIR?

Se você presenciasse um acidente de carro, qual seria seu papel ao prestar socorro? Por exemplo, entraria em pânico e sairia dali (fuga), pediria a outra pessoa que ligasse para o SAMU enquanto corre até os veículos para verificar a existência de feridos (luta), ou pararia e consultaria outra pessoa para saber o que fazer (congelamento)?

Questionário dos Doshas

O questionário a seguir foi feito para servir de ponto de partida, uma primeira análise de qual é seu possível dosha. É verdade que questionários podem ser limitantes e supergeneralizados; mesmo assim proporcionam *insights* adequados e são um ótimo lugar para começar. Independentemente dos resultados do questionário, é importante ler sobre cada combinação de doshas para verificar qual é a que mais combina com você.

Para cada categoria, circule a descrição que melhor se relaciona a você (suas respostas aos estudos individuais anteriores podem ajudar). Responda da maneira mais objetiva e honesta que conseguir, considerando como você foi durante a vida toda. Quando acabar, some cada coluna. A que tiver a maior pontuação é seu dosha geral (por exemplo vata 3, pitta 11, kapha 1 significa que seu dosha é pitta). Se dois doshas tiverem a mesma soma de pontos ou apresentarem um ou dois números de diferença, você é bidosha (por exemplo, vata 7, pitta 6, kapha 2 corresponde ao dosha vata-pitta). Se o total de cada soma for 5, 5 e 5, você é tridosha.

	VATA	PITTA	KAPHA
CORPO E ESTATURA	Pequeno, leve, estreito	Médio e proporcional	Estatura mais robusta, com ossos maiores
PESO	Magro ou abaixo do peso, dificuldade de ganhar peso, perde peso com facilidade	Peso mediano e estável, consistente, não muito magro, nem muito gordo	Ligeiro sobrepeso, mais gordo, ganha peso com facilidade, dificuldade de perder peso
TEMPERATURA CORPORAL	Fria, pés e mãos frios	De morna a quente, raramente fica fria	Morna ou fresca, pele viscosa
OLHOS	Pequenos, inquietos	De tamanho médio, focados, intensos	Grandes, claros, compassivos
PELE	Fina, áspera, seca	Sensível, mista (oleosa e/ou seca)	Grossa, lisa, clara
SONO	Sono mais leve, dorme menos horas	Sono na média, dorme uma quantidade mediana de horas	Sono pesado, prefere muitas horas de sono
APETITE	Apetite variável, "belisca" muito, pode se esquecer de comer	Muito apetite, pode ficar irritado quando com fome	Apetite de leve a moderado, gosta de comer, mas contenta-se com menos refeições
ENERGIA E VIGOR	Rápido, picos breves de energia, mas pode se cansar rapidamente	Energia e vigor médios, nem rápido nem lento demais, aguenta pressão	Lento e constante, bastante resistente, não gosta de pressão
MENTE	Mente ativa e criativa, gosta de mudanças	Focada, direcionada, orientada para objetivos e detalhes	Mente calma e estável

	VATA	PITTA	KAPHA
HUMOR E EMOÇÕES	Temperamental, aventureiro, espontâneo, vívido, medroso, preocupado, ansioso, nervoso	Passional, motivado, impetuoso, determinado, crítico, irritável, frustrado, julgador, furioso	Sereno, contente, seguro, compassivo, apático, deprimido, triste, desinteressado
REAÇÃO AO ESTRESSE	Escapar ou correr (fugir)	Encarar o estresse, enfrentar o problema de cabeça erguida (lutar)	Afastar-se e descansar (congelar)
APRENDIZADO E MEMÓRIA	Aprende rápido, memória de curto prazo é melhor, esquece depressa	Aprende em tempo médio, mente afiada, memorização mediana	Lento para aprender, ótima memória de longo prazo
TRABALHO	Melhor em turnos mais curtos, excelente na fase inicial de projetos	Muito focado, resistência média, motivado por resultados	Não começa por conta própria, mas tem resistência para se ater à tarefa por um longo tempo
RELACIONAMENTOS	Tem muitos conhecidos, faz amigos com facilidade	Tem uma quantidade média de amigos e conhecidos, muitos relacionamentos são do trabalho	Prefere ter poucos amigos íntimos, mantém relacionamentos a vida toda
LINGUAGEM DO AMOR	Palavras de afirmação	Presente	Toque físico
TOTAL			

Com os estudos individuais e os resultados do questionário deste capítulo, é provável que você já saiba seu dosha ou esteja em dúvida entre dois. Se esse é o caso, há chances de eles estarem intimamente relacionados, como, por exemplo, decidir se você é pitta ou vata-pitta, ou se é kapha ou vata-kapha. Não importa como você é, você é o que é. Você está no lugar certo, e há muito mais pela frente!

E SE EU ERRAR MEU DOSHA?

Tenho fé que você terá segurança para confirmar seu dosha até o fim deste livro, mas você ainda precisa avaliar o que fazer caso cometa erros ou não tenha certeza. Isso pode acontecer quando você está nas etapas iniciais do desenvolvimento da consciência em termos gerais, quando o desequilíbrio afetou sua consciência ou quando as perguntas do questionário usadas para determinar seu dosha tocaram em pontos antes não considerados, fazendo que você escarafunchasse seu próprio eu antes de dar uma resposta precisa. O melhor conselho que posso dar, além de uma visita a um profissional do Ayurveda, é fazer um *test-drive* com seu dosha. Você pode fazer isso de forma muito genérica, interagindo com o mundo como seu dosha o faria, verificando se você sente que ele é autêntico. Você também pode ser mais específico, escolhendo três áreas de sua vida para estudar e fazer anotações, como reações ao estresse, o que motiva suas decisões ou o que precisa existir na sua vida para você se sentir pleno e feliz. Finalmente, quando você optar por mudar seu estilo de vida com base no seu dosha, garanta que as mudanças sejam pequenas e graduais. Isso é importante se você acertou seu dosha ou, mesmo, se errou, para que não acrescente pressões desnecessárias e estresse na tentativa de mudar e, portanto, tenha clareza quanto às modificações que estão surtindo efeito. Se você fizer uma mudança pequena e parecer que está indo contra a maré e ficando desequilibrado, geralmente é fácil perceber e voltar à situação inicial totalmente ileso. Se depois disso você ainda estiver inseguro em relação a seu dosha, é sempre possível voltar aos elementos e suas respectivas descrições nas páginas 23-25. Esses são os pilares dos doshas, e, se você sentir uma conexão forte com um elemento ou uma qualidade, pode verificar se o dosha se vincula a eles.

PARTE 2

As Sete Combinações de Doshas

CAPÍTULO 3

Vata

VATA = ÉTER + AR

criador, multitarefas, multiforme, individualista, artista

(Consulte nas páginas 226-27 as tabelas de apoio com um resumo das características do vata)

Conheça o Vata

Susie chega correndo à aula de yoga no último minuto. Joga a mochila de lado e desenrola o tapete de yoga, mas, antes de se acomodar no espaço, vê uma amiga entrando e vai conversar com ela. A breve conversa abrange um papo sobre viagens recentes, planos para o fim de semana e um novo restaurante no bairro antes que a professora de yoga avise que a aula está começando. Distraída durante toda a aula, Susie verifica mensagens em seu *smartwatch* sempre que a professora orienta os alunos a fazer a postura da lua crescente e, quando chega a hora da meditação final em posição sentada, ela tem dificuldade para ficar parada, fica mexendo nas roupas, no tapete de yoga e no cabelo. Incapaz de se aquietar, ela decide enrolar o tapete e sair mais cedo da aula. Na pressa de sair rumo ao próximo compromisso, ela deixa o tapete para trás.

Susie é vata, a incorporação de elementos do éter e do ar. Vatas são efervescentes, leves e cheios de alegria, criatividade, empolgação e aventura. Frequentemente, têm personalidade e estilo excêntricos, eles colocam em prática as qualidades que os tornam únicos. Por não terem medo da exclusividade ou de se destacarem na multidão, eles possuem uma infinidade de amigos. Sua natureza tagarela e disposição para puxar assunto com qualquer pessoa significam que eles fazem amigos aonde quer que vão.

E, sendo feitas de ar, o único elemento móvel, essas pessoas adoram estar em movimento. Seja uma viagem planejada, uma escapada espontânea ou, simplesmente, a tentação de se mexer, a necessidade de movimento está inculcada em seu DNA. Essa mobilidade também pode ser expressa por meio de uma queda por mudanças e novas experiências. Vatas são cheios de ideias, adoram iniciar novos projetos e estão sempre em busca de novas maneiras para deixar a vida criativa e renovada — um espectro de ações que varia de mudar de carreira a reorganizar a sala de estar.

Essa mobilidade torna os vatas avessos a cronogramas, rotinas ou qualquer outra coisa que pareça monótona ou restrita demais. Atraídos por mudanças e irregularidades, eles funcionam melhor em picos ou intervalos, em termos físicos e mentais. E, por falar em físico, geralmente os vatas possuem massa corporal, altura, estrutura óssea ou estatura menores, embora às vezes os vejamos em extremos — por exemplo, extremamente altos ou extremamente baixos. Seus traços faciais também são menores ou mais delicados, como lábios finos ou olhos pequenos. Eles tendem a ter cabelo cacheado, excêntrico ou com frizz, e a pele é naturalmente mais seca.

Quando se entregam em excesso ao movimento, à criatividade e à liberdade que os alimentam, eles podem começar a se sentir mal. Mental e emocionalmente, percebe-se que os vatas tendem para uma trama de medo, preocupação, ansiedade e incapacidade de focar. Isso leva a inseguranças que podem interferir nos relacionamentos, no trabalho e na capacidade geral de se conectar com outras pessoas. A propensão a mudanças e a coisas novas significa que a continuidade se torna desafiadora em todos os tipos de compromisso. Eles começam várias coisas, mas não conseguem manter ou finalizar muitas delas. Apesar de terem muitos amigos, os relacionamentos profundos e íntimos dos vatas podem ser poucos e fugazes, o que resulta em solidão mesmo quando estão cercados de outras pessoas. Fisicamente, são suscetíveis a vivenciar condições que contêm os atributos seco, frio, áspero, duro, leve e móvel. Essas vulnerabilidades levam a desequilíbrios como pele e cabelos secos, osteoartrite, gases, distensão abdominal, constipação, insônia e queda de energia no meio da tarde.

Luz e Sombra

Éter e ar podem se transformar em pontos fortes como pensar rápido, ter a mente expansiva e ser adaptável e aberto a mudanças. Mas os vatas são mais famosos pela criatividade, mesmo que seja uma característica cuja descoberta leve tempo. Isso não quer dizer que, se você não é artista, não haja vata na sua constituição, já que existem muitas outras maneiras com que o vata (e a criatividade) pode se expressar. Da mesma maneira, você não é um dosha tipicamente vata se tem sucesso em áreas criativas. O principal fator que pode distinguir a criatividade em forma de vata *versus* em outro dosha está no contexto, na abordagem e em até que ponto ela é prioridade quando se trata de valores centrais. Por exemplo, um artista pode criar de uma forma que seja pura expressão de sua mente. A menos que ele tenha recebido por uma demanda específica, seu produto é resultado de uma criatividade mais livre — um escape criativo que é bastante característico do vata. Arquitetos, por sua vez, também são criativos, porém, desenhar estruturas deve vir acompanhado ainda de cálculos. Os componentes de seu trabalho que exigem atender a critérios específicos ou estar dentro de certos parâmetros para que se possa construir um prédio é uma tarefa muito mais atraente e adequada para o dosha pitta (ver Capítulo 4). E, ainda que artistas e arquitetos alimentem a alma desenhando, o artista talvez seja muito mais propenso a sentir a criatividade no seu âmago ou como um atributo singular, enquanto o arquiteto percebe que a criatividade vem no mesmo pacote da produtividade e da construção, ou que ela é secundária.

Como os pontos fortes de um dosha estão vinculados às suas dificuldades, vatas sofrem quando se entregam demais à mudança ou usam mal suas habilidades para sonhar com novas ideias e começar projetos novos. O dosha vata é movido pela empolgação e pela renovação. Eles são atraídos por coisas novas em vez de coisas já familiares, mesmo quando a familiaridade proporciona a segurança de que precisam para lidar com seus medos. Isso os deixa sem chão e limita a capacidade de permanecerem firmes e ancorados, o que já é mais difícil para eles em razão da escassez do elemento terra em sua constituição. Eles podem perder facilmente o interesse em trabalhos e relacionamentos, sobretudo se são repetitivos e não oferecem estímulos (não ter nada pelo que esperar faz que se sintam presos e ansiosos). Entretanto, no ímpeto de vivenciar coisas novinhas em folha, tais coisas podem acabar sendo superficiais. Incorporar mais das qualidades opostas — aprofundamento e rotina — pode ajudar na ancoragem de pessoas vata.

EQUILIBRANDO O VATA

Escreva sobre um momento em que você se sentiu mais acomodado e seguro. Onde você estava, o que fazia, quem estava lá e qual era a sensação? Pense em possíveis maneiras para incorporar alguns dos elementos desse momento em suas experiências quando você se sentir sem chão ou inseguro.

Comunicação

As qualidades aérea, leve, móvel e expansiva do vata não se revelam apenas na comunicação e em interações — na verdade, elas são a base da comunicação em geral, o que torna essas qualidades ainda mais proeminentes. Esporádicos e animados, os vatas precisam de mobilidade física e mental, o que pode ser observado com bastante clareza nas conversas. Eles são conhecidos por falar com as mãos, ter dificuldade em manter contato visual e ter a tendência de se distrair do assunto em questão. Fazer perguntas é seu forte, mas muitas vezes a mente deles se move tão depressa que eles já passam para a próxima pergunta antes de obterem uma resposta à primeira. Eles também falam rápido (manifestação de sua mente ativa), portanto, é possível identificar um tipo de discurso vata apenas pela velocidade.

Esses aspectos não se refletem somente na comunicação oral mas também se aplicam à comunicação escrita. Sua mente veloz e ativa pode levá-los a omitir detalhes importantes ou incluir ideias incompletas, deixando ao interlocutor a tarefa de interpretar a mensagem. Assim, enquanto vatas podem ter sucesso em contar histórias e em conversas informais, podem falhar ao tentar expor detalhes ou diretivas na escrita.

Como interlocutores ou destinatários, em todas as formas de comunicação, vatas tendem a se esquecer da mensagem toda ou de parte dela. Quanto maior a conversa, o texto ou o e-mail, mais isso se aplica. Vatas podem ter uma atenção de curta duração e ficam facilmente distraídos por não terem os elementos água e terra que fazem as coisas aderirem. Às vezes, sua memória de longo prazo não é das melhores simplesmente porque as ideias vão embora.

Considero bastante vantajoso entender os estilos de comunicação dos diferentes doshas ao trabalhar com clientes de Ayurveda, e isso se aplica sobretudo aos vatas. Aprendi que, para mim, é muito fácil me deixar levar pela leveza do vata, o que me faz me entreter com suas conversas tangenciais e ficar me mexendo na cadeira enquanto os observo inquietos. Antes de me conscientizar da tendência deles à dispersão e da minha de imitar o comportamento deles, era difícil obter um histórico de saúde completo, desenvolver um plano abrangente de tratamento e confiar que todas as informações adequadas foram trocadas e compreendidas. Hoje, quando percebo que estou iniciando uma sessão com um vata, tomo cuidado redobrado para me sentar ereta, respirar devagar, manter contato visual e sentir meus pés conectados com o chão. Isso é vantajoso para mim e para o cliente, já que meu aterramento permite uma consulta melhor conduzida no geral e cria um ambiente que os ajuda a ficar calmos.

Estresse

Certa vez, uma professora minha disse: "Se você deixar cair alguma coisa ou fazer muito barulho, saberá quem são os vatas no ambiente porque eles vão dar um pulo". Então, não surpreende que vatas imitem pássaros e outras criaturas que voam, fugindo quando estressados. O estresse os deixa no limite, criando um estado constante de pânico, preocupação e medo. Eles ficam frenéticos e hiperativos, e sua atitude é reativa, muitas vezes roubando-lhes o tempo de que precisam para avaliar adequadamente a situação e elaborar um plano com calma. Ao pressentir uma situação estressante, o instinto deles é fugir. Pode ser saindo de um recinto, de um trabalho, terminando um relacionamento ou ficando um tempo fora da cidade. E, mesmo que não saiam fisicamente de cena, pode ser que a mente deles fuja, como ao escolher evitar uma situação em vez de enfrentá-la, discuti-la ou fazer qualquer coisa que os lembre do problema.

Como já são rápidos por natureza, o mundo deles acelera quando ficam estressados, tornando difícil a concentração, o foco ou a lembrança de coisas simples, como o lugar onde colocaram as chaves. Isso aumenta o estresse deles — é o semelhante que atrai semelhante em ação. Como uma bola em uma máquina de *pinball*, eles ficam agitados pelo acontecimento estressante (chegando atrasados a um compromisso), pela reação ao estresse (incapazes de aterrar ou focar) e acabam entrando em outra situação estressante (errando a saída em uma estrada). Isso significa que, apesar do desejo de fugir, o estresse fica com eles até que consigam interromper o ciclo e liberá-lo — por meio de movimentos físicos ou exercícios, mas ainda mais ao aprenderem a desacelerar e estabilizar a respiração, os batimentos cardíacos e a mente.

Com exceção de eventos mais marcantes que deixariam qualquer um estressado (por ex., perder o emprego ou um familiar), um dos maiores estressores do vata é se sentir preso, restrito ou limitado. Vatas precisam de espaço e movimento para se sentirem autênticos; sem isso, eles se sentem inibidos. Eles podem ter a mesma reação visceral ao ficarem presos em um avião numa pista ou ao ficarem confinados em um cronograma, obrigados a ficar parados ou esperar (no supermercado, à espera de atendimento quando ao telefone, pela realização de seus sonhos), ou se alguém lhes pede para andarem demais na linha (literal e metaforicamente). Todos esses exemplos podem fazê-los se sentirem numa camisa de força, e essa sensação de restrição é uma das coisas mais estressantes que eles podem imaginar. Assim, geralmente o movimento é o melhor mecanismo de enfrentamento quando se trata de vatas e estresse: mexer o corpo fazendo exercícios, movimentar a mente com criatividade, viajar ou, mesmo, ficar em um espaço aberto que ofereça liberdade de movimento.

DENTRO DA MENTE VATA

Tenho medo real de perder.

Sou receptivo a mudanças.

Adoro começar coisas novas, mas não sou tão bom em terminá-las.

É fácil eu me distrair e é difícil persistir na tarefa.

Tenho dificuldade para ficar parado fisicamente e acalmar minha mente.

Valorizo a experiência de fazer algo. Não me preocupo tanto com meu desempenho ou o resultado.

Tenho dificuldade para manter rotinas ou cronogramas.

Prefiro fazer as coisas depressa e acabá-las logo.

A criatividade é parte importante da minha vida.

Posso ter dificuldade para tomar decisões.

CAPÍTULO 4

Pitta

PITTA = FOGO + ÁGUA

perfeccionista, competitivo, visionário, empreendedor, líder

(Consulte nas páginas 228-29 as tabelas de apoio com um resumo das características do pitta)

Conheça o Pitta

Rachel, CEO de uma empresa de consultoria de gestão, abre seu e-mail e suspira, frustrada. A apresentação que sua funcionária deveria enviar até o fim do dia ainda não está em sua caixa de entrada. Ela mesma terá de elaborá-la, o que talvez não seja lá tão ruim, pois quase sempre precisa fazer melhorias no trabalho de sua equipe. Ela acrescenta uma observação em sua agenda para trabalhar na apresentação após as aulas de tênis e violino dos filhos mais tarde, à noite, pois no dia seguinte ela já está bastante ocupada com o treino de triatlo e o encontro com o agente imobiliário para visitar prédios — sua próxima aventura empreendedora.

A SINERGIA DO FOGO E DA ÁGUA

Os elementos fogo e água do pitta podem parecer contraditórios, uma vez que a água é usada para apagar o fogo, mas, na verdade, a água pode aumentar e espalhar o calor do fogo. Pense nisso da seguinte maneira: você dá uma mordida em um alimento apimentado, e então corre para tomar um grande gole de água – e acaba percebendo que sua boca ficou ainda mais quente, já que a água espalhou a pimenta. Ou pense no clima: juntos, calor e umidade incomodam bem mais que o calor no tempo seco. Os elementos fogo e água no dosha pitta agem da mesma maneira sinérgica. Apesar disso, em geral associamos o pitta principalmente ao fogo: mesmo que a água seja um elemento pertinente na definição do pitta (o peso da água mantém o pitta ancorado e lhe dá forma, e a força da água confere determinação e potência a esse dosha), é com o fogo que os atributos físicos, emocionais e mentais do pitta se relacionam mais intimamente.

Com predominância de fogo e água, Rachel é pitta. Um pitta próspero tem seus objetivos à vista e muito foco, confiança e determinação para atingi-los — a tempo, se não um pouco antes. Pittas têm fome: fome de vida *e* de comida. Já que o elemento fogo aumenta o fervor e estimula a digestão, essas pessoas gostam de saber qual será seu próximo grande projeto e quando será sua próxima refeição. A produtividade alimenta a alma do pitta, portanto, eles têm interesse em manter a agenda cheia e as rotinas no ponto. Considerando suas habilidades inatas de liderança, eles são proativos ao assumir responsabilidades e estão sempre em busca de oportunidades para organizar, planejar e gerenciar. Eles podem ser chamados, no bom sentido, de passionais ou perfeccionistas, já que esse dosha se preocupa muito com detalhes, resultados e objetivos. Riscar coisas da lista de afazeres é uma de suas ações mais satisfatórias, mas essa lista está sempre aumentando. Para cada tarefa excluída, acrescenta-se uma (ou duas). Não aprende muito rápido nem muito devagar, e com memória mediana de curto e longo prazo, os pittas tomam o caminho do meio em muitas coisas. Mas esse dosha não deve ser considerado mediano, uma vez que pittas são os mais motivados, impulsionados e sagazes dos doshas.

Em geral, pittas possuem constituição mediana. Sua estrutura óssea, peso, altura, massa muscular e traços faciais não são grandes nem pequenos, e sim na média. As qualidades penetrante e caloroso desse dosha aparecem no formato das maçãs do rosto, na mandíbula definida e nos olhos intensos. Muitos pittas têm cabelo fino ou pouca quantidade e muitas vezes ficam grisalhos ou calvos cedo (diz-se que fogo demais na cabeça queima os cabelos e os transforma em cinzas!).

Quando a luz de pitta brilha demais, seu lado sombra se revela — o que talvez seja mais uma pilha de cinzas do que sombra propriamente dita. Eles ficam viciados em ações e resultados; realizações, objetivos, direcionar e organizar as coisas conferem um pico de energia a esse dosha. Quando ultrapassa os limites, o pitta saudável se transforma em um dragão que cospe fogo — irritadiço, controlador, rígido, julgador, hiperfocado e sobrecarregado. Pittas querem incendiar, mas essa queima resulta em *burnout* e pontes queimadas, já que para outras pessoas pode ser difícil relacionar-se com gente apaixonada pelo sucesso e trabalho, e o arroubo de pitta pode intimidar e afastar. Esse efeito inflamável que vemos na mente também pode se manifestar no corpo, uma vez que os pittas tendem a ter a potência mental que os faz forçar as coisas ou pressionar mais. Por outro lado, a sensibilidade do corpo não é páreo para a da mente. Quando o fogo do pitta se torna intenso demais, condições como úlceras, diarreias, desequilíbrio dos hormônios reprodutivos, acne, pressão alta e condições inflamatórias podem surgir. Esse dosha apresenta todas as condições relacionadas a sensibilidade e inflamações.

Luz e Sombra

Muitos pontos fortes de pitta espelham o que a sociedade ocidental moderna reverencia. Nossa cultura nos força a fazer e a ser mais, um ideal que é a especialidade dos pittas. Eles têm garra, paixão, tenacidade e muita disposição para investir o tempo e o esforço necessários para atingir seus objetivos. O elemento fogo é responsável pela acuidade intelectual das pessoas, e, por estar presente em maior quantidade em pitta, eles são excelentes no ambiente acadêmico, nos negócios ou na tecnologia (ou, muitas vezes, na área que está recebendo mais atenção e pressão no momento). Pittas são ótimos líderes e possuem sólidas habilidades de organização e planejamento. Não acredita? Tire férias com um pitta. Essa pessoa já terá lido todos os guias de viagem sobre o destino de vocês, feito todas as reservas, imprimido itinerários para cada dia e colocado na mala tudo o que seria possivelmente necessário. (Essa é a ideia que eles têm de "diversão", com a qual seus companheiros de viagem talvez não concordem.)

Como nossa cultura dá enorme valor aos pontos fortes de pitta, pode ser difícil lembrar que muitos desses pontos têm lá suas vulnerabilidades. Na tentativa de liderar, ter sucesso e ser responsável, os pittas podem facilmente resvalar para um comportamento controlador e hiperfocado em resultados, desconsiderando o rastro de destruição que deixam para trás. Eles começam a colocar metas não somente no trabalho mas na dieta, no exercício físico e na vida, sem reservar espaço para diversão (eles enxergam a diversão como uma recompensa, não uma necessidade). O fogo se estende a todas as áreas da vida do pitta, um verdadeiro reflexo de como combinar fogo e água pode fazer o calor se espalhar. E, tendo muito interesse nas próprias coisas, os pittas podem não ter ciência de quando ficam irritados, críticos e julgadores a ponto de ferir sentimentos alheios.

Para todos nós, é difícil olhar para o lado sombra, mas talvez seja mais difícil para os pittas. Uma vez que eles lutam para dar o melhor de si e fazer o máximo, pode ser uma agonia sentir (ou manifestar) fraqueza ou admitir falhas. Pittas orgulhosos não gostam de deixar outras pessoas verem seu estado mais vulnerável. Portanto, para os pittas de plantão que talvez estejam revelando seu lado sombra pela primeira vez, lembrem-se de que pode ocorrer um baita crescimento quando seus superpoderes não estão à sua disposição e suas vulnerabilidades dão as caras. Mudar de perspectiva pode transformar a exploração desse seu lado em um projeto — o tipo saudável de projeto pitta.

Em geral, os pittas não têm problema para reunir entusiasmo a fim de pôr a mão na massa, o que dialoga com as origens de suas motivações. Eles são movidos a desafios, conhecimento e realizações. Pendure a cenoura, da teoria da cenoura, na frente deles e encontrarão os caminhos para pegá-la e colocá-la no pedestal para todo mundo ver. Geralmente, a carreira está no cerne da vida deles, mas o impulso por resultados aparece em todos os setores — eles gostam de aprender até no tempo livre (por exemplo, assistem a documentários e leem livros de não ficção). Você também encontrará indícios desse jeito de ser nos relacionamentos dos pittas, uma vez que escolhem a dedo o círculo de amigos que eles sentem que podem ajudá-los a ter melhores visões de si mesmos — pessoas com habilidades ocultas, educação em áreas diferentes ou experiências únicas. E, ainda que fiquem mais seguros quando se destacam ao menos em uma área da vida (eles precisam disso para se sentirem plenos), os pittas temem o declínio, o fracasso e dar a cara a tapa sem um propósito. Muitas das decisões que eles tomam na vida os colocam em um caminho de crescimento por esse motivo, mas sem descanso adequado, ou pausas e equilíbrio, esse caminho também leva ao *burnout*.

EQUILIBRANDO O PITTA

Pense em uma semana típica. Qual porcentagem de seu tempo você se dedica a algo orientado para objetivos – ou resultados – e qual porcentagem é dedicada ao lazer ou a atividades que você não consideraria "produtivas"? Se a balança pesa demais para o lado dos objetivos e da produtividade, como você poderia reduzir algumas tarefas ou incorporar mais atividades divertidas ou cujo resultado não seja importante?

Uma vez, fui à Target com um amigo pitta para fazer compras. Eu precisava de alguns itens básicos, e ele queria itens específicos, um aspirador de pó e travesseiros. Mesmo entendendo que esses dois produtos exigem uma análise mais demorada — aspiradores de pó são mais caros, e dormir com travesseiros inadequados pode causar dor no pescoço ou de cabeça —, os critérios que ele definiu e o empenho demonstrado fizeram seu pitta mostrar a que veio. Ele examinou de cabo a rabo todos os aspiradores, observando quaisquer mecanismos que pudessem se quebrar com facilidade ou não ser cem por cento necessários (para que tê-los se não forem de fato funcionais?) e testou todos os travesseiros ao deitar-se no chão do corredor com os travesseiros ainda na embalagem. Se me lembro bem, ele saiu da loja sem aspirador e travesseiros, já que nada passou no seu teste. Essas qualidades do pitta, definir padrões altos e buscar a perfeição, podem ser tanto úteis quanto impeditivas, mesmo quando se trata de um mero dia de compras.

Comunicação

"Em tópicos" poderia ser a expressão que resume o estilo de comunicação do pitta. Eles gostam de clareza e concisão. Suas conversas no trabalho e comunicações por escrito contêm detalhes suficientes para garantir que não haja questões em aberto, mas não tanto a ponto de arriscar atrapalhar o propósito da mensagem. Em e-mails, muitas vezes eles destacam, negritam, italicizam ou usam pontos para chamar a atenção para itens de ação ou tópicos prioritários. Essa não é apenas a maneira como os pittas se comunicam com outras pessoas, também é a melhor forma de nos comunicarmos com eles – com direção e convicção. Qualquer coisa inferior a isso, os pittas acharão fraco ou mal elaborado, e eles não têm tempo para discussões desse tipo. Um gerente pitta talvez diga aos funcionários que chamem quando tiverem um plano de ação, em vez de convocá-los para a reunião de *brainstorming*. Esse estilo de comunicação de um dosha de fogo pode parecer insensível ou áspero, mas não é intencional. Quando surge essa dinâmica entre pittas e outros doshas, é importante lembrar que pittas são mais transacionais do que emotivos — a atitude deles é ver o problema e resolvê-lo, não fazer você se sentir bem a respeito do problema. Assim, é fácil confundir sua paixão com outras emoções mais desagradáveis, mas, por trás disso, está um desejo de gerar o maior impacto possível na causa com que eles se importam.

Estresse

Como tudo que envolve fogo, os pittas tendem a ser intensos, portanto, quando uma situação estressante vem à tona, eles ficam prontos para pular nas chamas. O modo luta é sua reação ao estresse, e, uma vez que enfrentam os problemas de cabeça erguida, sua própria natureza de confronto é como um distintivo de honra. O estresse pode ser um desafio para eles, e esse é um território confortável. Ele acrescenta combustível ao seu fogo, o que os empodera. Vez ou outra, eles podem (de forma consciente ou inconsciente) procurar viver em um estado amplificado de estresse, porque a sensação pode ser estimulante.

Mesmo assim, até os pittas podem se deparar com estresses indesejáveis, sobretudo quando eles não estão no controle. Isso vale principalmente quando eles se encontram em situações desorganizadas, sem muito planejamento ou com lógica escassa. Eles têm opinião formada sobre como as coisas devem funcionar e confiam em si (e só em si) para fazer o trabalho, então, quando precisam abrir mão do controle ou acompanhar uma estratégia que não se alinha à sua lógica afiada, eles ficam inquietos. Responder a um chefe menos qualificado que eles, atender às demandas de um cliente que pede coisas irracionais ou não entende muito bem o ramo de atuação, ou levar uma fechada no trânsito podem ser gatilhos para um pitta explodir.

Os pittas trabalham bem sob pressão, mas para eles é melhor evitar se sentir uma panela de pressão. Como seu calor interno aumenta à medida que o estresse aparece, essa é a provável sensação. Sem maneiras adequadas para gerenciar o estresse ou desabafar, os pittas podem ficar mal-humorados, nervosos, autocríticos e esgotados. Internalizar o estresse não é bom para ninguém, contudo, considerando suas qualidades penetrantes, os pittas precisam ter cuidado redobrado, porque, quando estressados, qualquer um em sua linha de fogo pode ser afetado. Quanto mais contiverem o estresse, mais inevitável será projetar esse estresse nos outros (e um pitta com raiva é assustador!). Fazer dez respirações profundas antes de falar ou agir é o melhor conselho para um pitta estressado. Eles devem tomar cuidado para manter discussões saudáveis e breves, e sempre ter consciência da própria tendência de descontar as frustrações nos outros. E, quando tudo o mais falhar, liberar a tensão fazendo alongamentos (especialmente de músculos que contraímos quando nos reservamos ou nos protegemos, como bíceps, peitorais, flexores do quadril e abdominais) ou desabafar com movimentos que fazem suar (uma dancinha na cozinha é o bastante) podem ser o modo mais direto para esfriar a cabeça.

DENTRO DA MENTE PITTA

Sempre faço meu melhor e espero o mesmo dos outros. Para mim, é difícil fazer as coisas abaixo da média.

Sou bastante independente e prefiro liderar ou estar no controle.

Desafios me incentivam. Se você me propuser um desafio, mostrarei a que vim.

Gosto de discussões saudáveis. Não tenho medo do confronto — e farei o que puder para convencer os outros a ver as coisas do meu jeito.

Sou confiável, e as pessoas frequentemente recorrem a mim por ser responsável.

Tenho motivação própria e disciplina, especialmente quando trabalho em algo que quero de verdade.

As pessoas confundem minha paixão com intimidação ou com ter cara de mau.

Ao analisar as coisas que faço em um dia ou em uma semana, todas ou a maioria se baseiam em um objetivo ou em produtividade.

Sou bem duro comigo mas também posso ser crítico com os outros.

Tenho tendência à competitividade e sou competitivo sobretudo comigo mesmo.

DOSHAS E PONTUALIDADE

VATA	Para o dosha vata, é mais comum chegar atrasado que no horário. Isso é consequência de sua natureza esporádica e da dificuldade em seguir uma agenda.
PITTA	Devido à sua natureza perfeccionista, o pitta pode ser muito pontual. No entanto, pittas também se atrasam com frequência, porque pensam sobretudo em si mesmos. Eles pensam que chegar atrasado impacta apenas a si: podem acreditar que o que estão fazendo é mais importante (e tentam enfiar um monte de coisas produtivas antes de sair) ou que as outras pessoas podem esperar

KAPHA	Com frequência os kaphas chegam adiantados porque gostam de fazer as coisas com calma. Para chegar em cima da hora eles teriam que se apressar, e isso os deixa desconfortáveis. Se vez ou outra chegam atrasados, é simplesmente porque eles andam devagar.
VATA- -PITTA	Esse dosha será pontual, na maioria das vezes por temer as consequências de não chegar a tempo. Se por acaso chegar atrasado, provavelmente culpará outra pessoa ou uma situação além de seu controle.
PITTA- -KAPHA	Pitta-kaphas chegarão ou em cima da hora ou poucos minutos atrasados. Eles dão seu melhor, apenas não gostam que os apressem e não são muito bons para contabilizar o tempo. Considerando o combo de determinação *à la* pitta para pôr a mão na massa e a natureza lenta estilo kapha, as coisas sempre demoram um pouco mais, mas esse dosha termina o que está fazendo antes de passar para a próxima atividade.
VATA- -KAPHA	Fortemente motivados a nunca decepcionar ninguém, os vata-kaphas chegarão cedo ou no horário.

CAPÍTULO 5

Kapha

KAPHA = ÁGUA + TERRA

pacificador, leal, o que ama, conforta, nutre e doa

(Consulte nas páginas 230-31 as tabelas de apoio com um resumo das características do kapha)

Conheça o Kapha

Kathy ergue os olhos de sua mesa, vê um rosto conhecido e dá um sorriso acolhedor. Ela trabalha como recepcionista de uma editora há vinte e três anos e sabe o nome de cada pessoa que passa pela porta. Não foi difícil aprender os nomes, já que ela gosta de conversar com as pessoas e tem memória de elefante. Ademais, isso confere um ar de importância, já que ela acredita que cumprimentar uma pessoa pelo nome pode fazê-la ganhar o dia — e ver os outros felizes também faz Kathy se sentir bem. Ao voltar ao trabalho, dá uma olhada de relance no relógio e percebe que é hora do almoço. Ela deveria retornar algumas ligações antes do meio-dia, mas não quer perder o intervalo, isso sem falar na sobra de *cheesecake* que trouxe de sobremesa. Ela sai da mesa, pega o almoço e vai se sentar em sua poltrona favorita no canto.

Kathy é o kapha raiz. Esse dosha é repleto dos atributos suave e pesado da água e da terra. O kapha é famoso por transbordar calma, a ponto de você sentir uma onda de tranquilidade o invadindo simplesmente por estar na presença de alguém assim. Pessoas kapha têm compaixão no olhar e tom de voz suave e riem de todas as piadas que você conta. O elemento terra está sobretudo presente em sua natureza centrada e na capacidade de permanecer calmo mas também contribui para sua fama de ser lento — acontece que eles são melhores em corridas de longa distância do que em tiros. Os kaphas gostam de fazer as coisas no próprio ritmo e tempo; contudo, se você é da família, um amigo ou ocupa um lugar especial no coração do kapha, ele vai parar o que está fazendo para vê-lo feliz. *Observação: como você vai aprender no Capítulo 8, vata-kaphas também têm essa tendência. Mas, em relação aos vata-kaphas, você é sempre o primeiro foco deles, que podem suportar situações desconfortáveis para apoiá-lo. Kaphas são menos propensos a parar o que estão fazendo se essa atitude atrapalhar o próprio conforto ou equilíbrio.* Eles são leais e comprometidos, e essas qualidades ficam proeminentes em seus relacionamentos, já que mantêm vínculos que duram a vida toda. Avessos a conflitos, mudanças e desconforto, kaphas são as forças apaziguadoras, estáveis e tranquilizantes na vida de quem convive com eles.

O elemento terra provê ao kapha estrutura óssea larga, corpo forte, olhos grandes, lábios grossos, pele clara e radiante e cabelos grossos e brilhantes. Com o sistema imunológico mais forte dos doshas, kaphas não demoram para sarar de uma questão de saúde. Se não se sentem bem, condições pesadas, úmidas ou estáticas vão derrubá-los. Digestão lenta, letargia, ganho de peso, sono excessivo e constipação são os males que mais os atingem. Se não levam em conta desequilíbrios menores e passam muito tempo cedendo a compulsões (que tendem a ser por doces), deixando de fazer exercício físico ou não se cuidando da forma necessária, eles se tornam mais propensos a doenças mais sérias, como diabetes, colesterol alto, edemas e obesidade.

Quando se trata de pensamentos, comportamentos e emoções, os mesmos elementos que permitem aos kaphas permanecerem aterrados pode levá-los à inércia e ao apego. Água e terra são pesadas e, quando misturadas, adquirem uma qualidade viscosa que leva os kaphas a ficarem presos. A aversão a mudanças indica que eles são propensos a permanecerem em rotinas, empregos e relacionamentos mesmo quando essas situações não funcionam mais e é hora de mudar. Em outras palavras, o kapha desequilibrado pode acabar em um beco sem saída.

Nem todos os kaphas são empáticos, mas eles precisam se conscientizar da possibilidade de absorver emoções alheias ou de se doar demais. Quando seu interesse em cuidar de quem os cerca torna-se uma prioridade maior do que cuidar de si mesmo, as pessoas podem acabar abusando da compaixão e da lealdade desse dosha, fazendo que ele se sinta mais um capacho do que um sistema de apoio. Esse acúmulo de energia mental pesada pode deixá-los deprimidos e sem brilho, vulneráveis a depressão e a tristeza.

Um dos poucos kaphas que conheço também é um dos meus melhores amigos, e o mais alto de todos. Como todos os kaphas, ele anda e fala devagar (certa vez eu o vi andar depressa para atravessar a rua e me preocupei, achando se tratar de uma emergência). Ele é leal aos amigos e familiares e, embora tenha sido promovido várias vezes ao longo dos anos, trabalha na mesma empresa nesses quinze anos em que eu o conheço. Além dessas qualidades de terra, um de seus passatempos favoritos é ler, e esse é tanto um ponto em comum como contrastante entre nós. Tenho mais ar e fogo na minha constituição e não tenho nenhum problema em interromper um livro e nunca mais voltar a pegá-lo se perco o interesse em algum momento. Enquanto meu amigo kapha certa vez levou meses para terminar de ler um único livro — do qual ele confessou desgostar, mas, ao mesmo tempo, sentia necessidade de ir até o fim na leitura.

Apenas um kapha poderia ter essa persistência e lealdade, mesmo para com um livro.

Luz e Sombra

Nenhum dosha tem pontos fortes melhores que os dos outros; porém, os atributos de água e terra de kapha trazem a maior parte do equilíbrio e tranquilidade a nosso mundo muito atribulado e superestimulado. Sua capacidade para permanecer calmo e estável é um raio de luz quando em ambientes caóticos. Kaphas são resilientes e têm paciência para enxergar por meio das coisas quando os outros saem de cena rapidamente. E sua lealdade e compaixão são admiráveis. Eles estão sempre à disposição para ouvir você, fazer uma sopa ou apenas ficar ao seu lado se souberem que isso o fará se sentir melhor.

Quando comecei a aprender os doshas, me ensinaram que kapha tinha os atributos amorosos e carinhosos de uma avó. Isso foi fácil de entender, já que me lembrei de pequenos gestos que minha avó fazia na tentativa de cuidar de mim e dos outros netos. Meus avós moravam em uma colina na zona rural de Iowa, em uma casa com uma entrada extensa. Assim que minha avó via o carro chegando por essa entrada, ela começava a encher tigelas de doces e petiscos para nós. Ao entrarmos, a fileira de tigelas de madeira cheias de guloseimas em cima da mesa sempre me fazia sentir que eu era amada e que se importavam comigo. Mesmo que não seja necessário ser avó para ser kapha, essas características de avós são muito marcantes nos kaphas.

É difícil imaginar que pessoas assim teriam dificuldade com alguma coisa, com sua capacidade inabalável para cuidar dos outros e lidar com as próprias responsabilidades ao mesmo tempo, mas os kaphas também são humanos e têm seu lado sombra. Sua dedicação pode se transformar em incapacidade para seguir em frente, seu contentamento pode virar complacência e sua lealdade pode se transformar em incapacidade de desapegar. Como se não bastasse, para eles é difícil adquirir impulso para mudar por conta própria. Sem a ajuda de outras pessoas, pode ser complicado para eles saírem da toca — e, inclusive, seguir em frente.

Pessoas de todas as combinações de doshas têm mecanismos de enfrentamento para ajudá-las a sentir certo conforto, mas os kaphas levam isso um pouco além, tornando o conforto e a calma os fatores propulsores da vida deles. Isso não implica, de forma alguma, que os kaphas não trabalham com afinco ou que não possuem determinação ou entusiasmo — porém, analisando a motivação por trás de suas ações, o resultado de relaxar e aproveitar os frutos de seus esforços é a ideia que eles têm de recompensa. É por isso que eles evitam mudança, que muitas vezes precisam ser ludibriados para fazer exercícios e que preferem ficar em casa a socializar. O desconforto presente em todas essas coisas (ou, ao menos, o desconforto externo) supera a recompensa. Mesmo que o medo não seja uma das principais emoções dos kaphas, eles têm lá suas apreensões, como todo mundo. Na verdade, seus medos são quase o oposto exato daquilo que os impulsiona: eles temem perder seus confortos, sacrificar o que os deixa contentes ou ter de conviver com o desconhecido. Trocando em miúdos, eles têm medo de perder seu elemento terra, que os mantém alicerçados e seguros, e de ter espaço demais, o que os faz se sentirem deslocados.

EQUILIBRANDO O KAPHA

Pense nas atividades de sua rotina que você fez durante a maior parte da vida adulta. Elas ainda lhe servem e dão suporte às suas necessidades atuais ou viraram hábito, refletindo sua aversão à mudança? Que pequenas modificações você poderia fazer que não fossem inovadoras demais mas que estariam melhor alinhadas com quem você é na vida neste exato instante?

Comunicação

Há dois pontos-chave para lembrar quando se trata de kaphas e comunicação: o ritmo deles é lento e suas habilidades de escuta são fortes. Na comunicação verbal, isso se traduz em fala suave e cadência firme. Isso pode soar tranquilizador, como uma canção de ninar ou um talentoso professor de meditação, mas, se lento e monótono demais, a sensação pode ser maçante. Ainda que isso pudesse fazer uma conversa com kapha parecer longa e exaustiva, sobretudo se o ouvinte for um pitta ou um vata, você pode apostar que as palavras de um kapha sempre serão autênticas e ponderadas. Isso também vale para comunicações por escrito. Pode levar um bom tempo para elaborarem uma carta, um sms ou um e-mail, mas, quando o fazem, é provável que os textos sejam completos e cuidadosos. Com sua natureza gentil, eles são abertos a conversas (embora não sejam tagarelas como os vatas), mas você descobrirá que a compaixão deles se destaca mais quando em posição de ouvintes. Não espere apenas um ouvido generoso mas também contato visual contínuo e interesse genuíno.

Estresse

Em condições normais, os kaphas são pesados e estáticos, portanto, é natural que congelem em situações estressantes. Eles avaliam o desconforto do estresse e, se a reparação exige muito esforço e trabalho, os kaphas permanecem na situação estressante e esperam que ela passe. Eles aceitam ajuda alheia se alguém a oferece, mas, como boas almas compassivas que são, não gostam de pedir ajuda se isso pode atrapalhar as pessoas. Todo esse estresse pode aumentar, levando-os à letargia e à depressão.

É difícil acreditar que o kapha, tão pé no chão e descontraído, possa ser afetado por estresse, mas, mesmo que aguentem mais que os outros doshas antes de explodir, eles não têm sangue de barata. Entretanto, é preciso algo um pouco diferente para deixar os nervos do kapha à flor da pele. Em geral, suas reações ao estresse são de desconforto ou inquietação, na maioria das vezes relacionadas a mudanças ou pressões externas. Eles preferem trabalhar no próprio ritmo — com frequência são lentos para começar coisas novas, ao contrário do vata, que mal consegue esperar para fazer algo novo —, além de coisas simples, previsíveis e sem confrontos. Eles aguentam ser obrigados a trabalhar depressa e fora da zona de conforto em doses homeopáticas, mas isso não significa que não estejam cientes da situação ou não a sintam. Eles são mais propensos a internalizar o estresse do que a demonstrá-lo; essa retenção leva ao acúmulo do estresse, aparecendo no organismo como ganho de peso, hiperglicemia ou colesterol alto. Em vez de lidar ativamente com um estressor, eles esperam passivamente que ele se resolva sozinho. Como o descanso e o afastamento são as reações involuntárias do kapha ao estresse, ele precisa de ajuda para socializar, exercitar-se e acrescentar vigor à vida. Essas ações de estímulo são boas para esse dosha, mas é prudente acreditar que talvez ele precise tirar um longo cochilo antes.

DENTRO DA MENTE KAPHA

Valorizo e preciso de mais solitude e momentos de paz que a maioria das pessoas.

Pago para não entrar em briga.

Resisto a mudanças e desfruto do conforto da minha própria rotina.

Prefiro que outros liderem ou assumam o controle, mas não gosto que me atribuam demandas em excesso.

Não é incomum pessoas falarem sobre minha natureza calma. Os outros se sentem mais aterrados perto de mim.

É preciso muita coisa para me irritar, mas, se você me chateia, posso guardar rancor.

Desapegar é difícil para mim, seja de uma herança de família, de uma antiga receita ou da lembrança de ter sofrido bullying *no jardim de infância.*

Ao realizar tarefas, busco a facilidade. Se uma tarefa não é fácil, pode ter certeza de que vou procrastinar.

Posso demorar muito para começar. Mas o que me falta em velocidade me sobra em constância e resistência.

Às vezes eu gostaria de ser expansivo, ativo ou comprometido como as outras pessoas. Apenas não é do meu feitio, e está tudo bem.

CAPÍTULO 6

Vata-Pitta

VATA-PITTA = AR + FOGO

executor, iluminador, entusiasta, inovador, primeiro a responder

(Consulte nas páginas 232-33 as tabelas de apoio com um resumo das características de vata-pitta)

Conheça o Vata-Pitta

Jeff está atrasado para a reunião de marketing com seu cliente. Embora tenha quase certeza de que ainda conseguirá chegar a tempo, não consegue deixar de se preocupar se isso refletirá mal em seu desempenho. Jeff não quer que o cliente pense que ele não tem capacidade para o emprego, sobretudo por ter trabalhado depressa a fim de encontrar uma solução criativa para o problema. Mas ele também não quer acelerar para chegar ao local, já que uma multa também não seria nada bom. Nesse instante, ele se lembra de um atalho. Jeff chega a tempo e faz uma apresentação detalhada, que recebe ótimas devolutivas. Acontece que ele estava mais preparado do que pensava. Embora todos confiem nas habilidades de Jeff, muitas vezes ele tem dificuldade para acreditar em si mesmo.

Jeff é um vata-pitta, uma mistura em que vata e pitta são iguais (ou quase iguais), ou, melhor dizendo, uma combinação dos elementos ar e fogo. Vata-pitta é composto de éter, ar, fogo e água, mas pensar nessa combinação de doshas especificamente como ar e fogo (e ausência de terra) nos dá uma linha mais direta para as características que a definem: penetrante e móvel. Essa constituição possui pontos fortes de vata e pitta, mas com alguma variação, já que a presença desses elementos em quantidades maiores é um sinal de que eles interagem de maneira diferente. No unidosha pitta, o fogo é tão forte que o efeito dos outros elementos (como terra) no dosha não é significativo. Isso também vale para os vatas, que contêm uma presença marcante do elemento ar. Mas vata-pittas contêm muito ar e fogo, e a interação desses elementos desenvolve características não encontradas em vata ou em pitta sozinhos. Vemos isso na natureza, quando uma pequena quantidade de ar atinge um incêndio e faz as chamas se espalharem, ou quando o fogo faz que as qualidades do ar, como a secura, estejam mais presentes em razão do excesso de calor. Ar e fogo influenciam pessoas de maneira similar. Por exemplo, o elemento ar confere aos vatas o amor pela mudança, tanto que eles podem entrar de cabeça em algo novo sem sequer pensar muito. Quando se acrescenta uma quantidade igual de fogo ao ar, ou pitta a vata, ainda haverá desejo de mudança, mas com uma pausa — a mente crítica de pitta vai querer pesar os prós e os contras antes de decidir tentar alguma coisa nova. Da mesma forma, o fogo dos pittas lhes confere uma paixão por liderar, mas, em um vatta-pitta, a mobilidade extra do ar causará incerteza. Portanto, ainda que vata-pittas sejam líderes fantásticos, eles podem encarar a liderança com menos confiança do que os pittas.

APRESENTANDO O CORPO E A MENTE DOS BIDOSHAS

Bidoshas podem ser uma mistura de dois doshas tanto no corpo quanto na mente, mas também é possível que alguém com dois doshas predominantes tenha atributos de um dosha no corpo e do outro na mente. Por exemplo, num pitta como unidosha, as características mentais e físicas refletirão os elementos fogo e terra. Mas, no exemplo do vata-pitta, um dos elementos – ar ou fogo – pode estar mais presente no corpo ou na mente da pessoa, ou pode haver uma representação similar em ambos. Um vata-pitta pode ter quantidades maiores de pitta (fogo) em seu biotipo físico (estrutura média, olhos intensos, mandíbula marcante) e uma melhor representação de vata (ar) na mente (ser bem-sucedido na etapa inicial de novos projetos, buscar saídas criativas). Ou pode ser o oposto, com quantidades maiores de vata no corpo (estrutura magra, olhos pequenos, pele seca) e de pitta na mente (cheio de fervor e fortes habilidades de liderança). Essa variabilidade na apresentação do bidosha pode tornar desafiador identificar um bidosha de imediato e mais complicado de concluir que você tem dois doshas – embora a maioria de nós seja bidosha!

Vata-pittas possuem uma inteligência forte e impetuosa aliada à mobilidade e à criatividade do ar. Como consequência, vata-pitta é o dosha que pensa mais rápido. É alguém que você ia querer ter na equipe em momentos de crise, já que eles são capazes de reagir na mesma hora, como vata, mas mantêm o foco e a compostura de pitta. A energia deles vem num rompante, uma vez que vata e pitta são leves e sutis em termos de qualidades, ou seja, eles podem descobrir que necessitam de mais descanso do que acreditam precisar ou que se cansam mais rápido do que desejam. Vata-pittas são mais flexíveis e adaptáveis que o unidosha pitta e mais aterrados (por causa da água, e não da terra) que o vata dosha. Eles gostam de mostrar seu lado brincalhão, mas têm profundo respeito por leis, cronogramas e rotinas. E vata-pittas amam novas experiências e aventuras do mesmo jeito que gostam de ser produtivos e de ter valor na sociedade.

Em relação aos traços físicos e à fisiologia, vata-pittas têm um misto de qualidades dos dois doshas. Isso deixa um pouco difícil de prever se eles terão a estrutura média do pitta ou a mais delicada do vata e assim por diante, mas é possível prever sua suscetibilidade a doenças. Suas condições físicas se apresentam como quentes e secas principalmente na pele, no sistema reprodutor, na digestão, nas articulações e no sangue. Alguns dos males mais comuns serão eczema, síndrome do intestino irritável, tendinite e frequentemente acordar de madrugada com a mente hiperativa.

Em termos mentais, vata-pittas pensam demais nas coisas, preocupam-se muito com o que os outros pensam e podem ter a tendência de duvidar de si mesmos. Com frequência sofrem de procrastinação perfeccionista — não começam algo porque não sentem que têm capacidade para fazê-lo com perfeição. Isso não é exclusivo dos vata-pittas, já que os pittas são os perfeccionistas principais. A diferença, contudo, é que os pittas querem fazer o melhor que puderem — seja por questões de ego, seja simplesmente para provar que conseguem —, e os vata-pittas, por sua vez, querem fazer o melhor por medo de falhar, sobretudo na frente de outras pessoas. Não confunda essa atitude com a necessidade de agradar os outros, típica da natureza do kapha; os vata-pittas costumam querer agradar as pessoas por validação externa. Também são propensos a ter *burnout*, típico de qualquer dosha que contenha pitta. Vata-pittas têm *burnout* com facilidade porque se interessam por muitas coisas (vata) e desejam fazer tudo bem-feito (pitta). Esse é o caso clássico da qualidade aérea do vata "acendendo as chamas" do pitta. Pode ser fácil se sentir satisfeito quando há apenas objetivos direcionados e em pouca quantidade (mais típico de pitta), mas, quando se tem fome de várias oportunidades, sempre novas, é impossível digerir todas, especialmente considerando que o não aterrado vatta-pitta define padrões elevados para si próprio.

(Sendo eu mesma uma vata-pitta, se há uma lição que estou sempre tentando aprender, é essa. Tentar não perseguir cada interesse ou oportunidade que surge e estabelecer expectativas realistas para os projetos com os quais já me comprometi exige maior disciplina e diligência!)

Luz e Sombra

A sinergia de vata e pitta confere velocidade e percepção. Os vata-pittas são perspicazes, peritos em avaliar rapidamente as situações e habilidosos quando se trata de descobrir soluções rápidas e criativas para problemas difíceis. Eles têm consciência interna e externa, portanto, podem estar sintonizados com os próprios sentimentos e com os alheios ao mesmo tempo. Isso pode gerar um desejo de luta por justiça em tudo o que fazem e de cuidado para que suas palavras e atitudes não impactem negativamente outras pessoas.

As dificuldades surgem quando as reações rápidas dos vata-pittas os fazem perder detalhes importantes, perder o fôlego ou abandonar tarefas antes de finalizá-las. A percepção do vata-pitta do mundo externo se transforma em um lado sombra que se preocupa demais com o que está acontecendo com os outros, o que pode levar a um autoconhecimento limitante ou a criar terreno fértil para comparação ou medo de perder. Às vezes, sua preocupação com os outros é excessivamente egoísta; eles não querem que suas atitudes ou palavras façam alguém se sentir mal, com medo de que isso possa não ser bom para si mesmos. Eles também podem se perder em busca de validação: o ar deles pode apagar a chama em vez de avivá-la, fazendo que se esqueçam do que realmente amam ou quem são de fato.

Os vata-pittas são motivados por aceitação e, consequentemente, temem o abandono. São fortemente movidos por validação externa, e, quando têm qualquer motivo para duvidar de si ou de uma situação, tornam-se inibidos e inseguros. São talentosos e habilidosos, mas a presença do elemento ar traz uma instabilidade que sempre os faz questionar a si mesmos, sobretudo quando não recebem nenhum estímulo positivo.

Para crianças, o parque de diversão pode ser uma arena de aceitação e rejeição. Isso era verdade na minha infância, já que o nível de aceitação de alguém era definido pela ordem com que você era escolhido pelo capitão do time de *kickball*. Muito clichê, mas ninguém que não fosse alguém seria escolhido por último para jogar *kickball*. A única maneira de evitar ser escolhido por último, além de ser amigo do capitão, era ser um prodígio do *kickball* — opção que decidi que seria a única viável para mim. De noite, eu pediria a meu pai ou minha mãe que jogassem a bola para mim na rua de casa, com o objetivo de aperfeiçoar um chute potente que nenhum capitão poderia contestar. Essa determinação para ser a melhor, impulsionada pelo desejo de ser aceita, é um exemplo clássico dos medos e das motivações do vata-pitta.

EQUILIBRANDO O VATA-PITTA

Para você, o que é a confiança? O que lhe permite sentir segurança em seus talentos e suas habilidades? Quando está confiante, como os outros o veem e reagem a você?

Comunicação

Quando se trata de comunicação, mais uma vez temos de considerar como os componentes de vata e pitta interagem de modo a tornar exclusiva a maneira como o vata-pitta se comunica. O vata, que pensa rápido, junto com o pitta, voltado a detalhes, produzem um estilo de comunicação rápido e sucinto, mas que ainda mantém clareza e precisão. Mesmo que a mistura de vata e pitta tire nota dez quando se trata de comunicação, também é preciso atenção a certas áreas. A tendência do vata-pitta de carecer de certeza ou confiança dará as caras. Isso quer dizer que, embora o vata-pitta se valha de todas as informações pertinentes, isso pode vir acompanhado de afirmações depreciativas ou em tom de indecisão, ou assumir um aspecto de mansidão. Por exemplo, um e-mail do vata-pitta pode ter todas as marcas registradas do pitta — elementos-chave destacados em tópicos e em negrito —, mas concluir com perguntas ou afirmações de incerteza do vata: "se você tiver tempo" ou "sem pressa", "dependendo do que você achar" ou "se estiver tudo bem para você". Isso não apenas pode levar a mensagem a se diluir mas também fazer o destinatário pensar que os pedidos ou itens de ação do vata-pitta são opcionais. Vata-pittas querem ser sensíveis e tratar outras pessoas com consideração, mas, quando essa preocupação é levada ao extremo, sua sensibilidade pode transmitir insegurança — mais evidências da pouca quantidade de elemento terra que eles têm em sua constituição.

Estresse

Observando a reação do vata-pitta ao estresse, veremos a fuga do vata e a luta do pitta. Isso não indica necessariamente que eles lutam e fogem em seguida, ou vice-versa. Em vez disso, o estresse induz um estado alterado de acuidade mental — focado, mas por um período curto — até que uma fuga seja necessária. Trocando em miúdos, esse dosha age e pula fora rapidamente. Essa atitude torna os vata-pittas ótimos para situações de emergência ou de alta pressão, mas de duração breve. No início, o estresse é um incentivo — é um desafio que faz esse dosha se sentir útil —; porém, quando a empolgação começa a ir embora, eles se esgotam depressa.

Vata-pittas também precisam ser vistos e reconhecidos por outras pessoas para se valorizarem ou entenderem o próprio valor. Se estão dando tudo de si no trabalho, sentindo que seu desempenho é melhor que o dos colegas, mas não são reconhecidos, isso será um gatilho para tensão e ressentimento. Entretanto, se estão dando seu melhor, mas não sentem que estão onde deveriam estar, eles também ficarão estressados. Assim, a opinião alheia pode significar mais para eles do que a sua própria. Saber que alguém os aprova ou gosta deles pode trazer imenso alívio — mesmo uma pequena injeção de confiança causa muito impacto. Se isso não estiver disponível, eles podem tentar interromper o ciclo de estresse fazendo uma lista de pontos fortes ou de atributos pelos quais são imensamente gratos, ou então fazendo uma caminhada longa e lenta — uma forma de liberar o estresse por meio do movimento e sem a velocidade, o calor ou a intensidade que agravaria os elementos ar e fogo do vata-pitta.

DENTRO DA MENTE VATA-PITTA

Estruturas são saudáveis para mim e consigo seguir rotinas, mas também adoro a flexibilidade da espontaneidade.

Prefiro seguir as regras a correr o risco de me meter em encrencas.

Sou organizado e determinado e tenho mais energia nas etapas iniciais de projetos.

Posso agir rápido e com clareza mental, mas posso não ter persistência.

Frequentemente questiono minhas habilidades e reparei que outras pessoas acreditam mais em mim do que eu mesmo.

Eu me pego repetindo conversas, preocupado se disse algo errado e se ofendi alguém, ou se causei uma má impressão a meu respeito em alguma situação.

Mesmo cem por cento preparado ou qualificado, ainda não sinto confiança total.

Não é incomum eu achar que não sou suficiente.

Eu me preocupo demais com o que os outros pensam.

Tenho habilidades de liderança, mas às vezes é mais fácil auxiliar os outros ou seguir orientações e ideias alheias porque com frequência duvido das minhas decisões.

CAPÍTULO 7

Pitta-Kapha

PITTA-KAPHA = FOGO + TERRA

guardião, investigador, moralista, auxiliador, observador, mártir

(Consulte nas páginas 234-35 as tabelas de apoio com um resumo das características de pitta-kapha)

Conheça o Pitta-Kapha

Ben está ajudando a filha a se mudar para a faculdade e, como ela não vai mais morar em casa, o pai gostaria que eles tivessem mais tempo juntos. Ele se arrepende de muitas vezes não ter podido passar mais tempo com ela em razão de seu trabalho como pesquisador, mas mesmo assim é apaixonado por seu ofício, e a filha é o motivo de ele ter trabalhado com tanto afinco. Em retrospecto, Ben gostaria de ter dito isso a ela, contudo, também sempre espera que todas as vezes que ele a levou para jogar futebol, a ajudou com os deveres de matemática e consertou o carro dela tenham demonstrado como ele se importa. Depois de desempacotar os últimos volumes e de Ben se virar para ir embora, ele dá à filha um presente. É a lanterna favorita dele, com um bilhete: "Quando eu não estiver aqui para proteger você, que esta luz a guie para casa". O presente perfeito, prático e sentimental ao mesmo tempo.

Quando se mistura fogo, água e terra, tem-se um pitta-kapha paciente, dedicado e enraizado, assim como Ben. Nesse bidosha, vemos traços do pitta, como fogo, inteligência forte, organização impecável e excelentes habilidades de planejamento, misturados com a persistência, o cuidado e a calma do kapha. Pitta-kaphas conseguem se sentar e ouvir atentamente durante horas enquanto você fala sobre questões pessoais; pesquisam, de bom grado, um único tópico ou assunto durante dias e consertam coisas sem conserto, lidando com qualquer objeto quebrado até que ele funcione feito novo. Eles são ponderados e compassivos e oferecem uma amizade duradoura e com vínculos profundos. Conhecidos por familiares como confiáveis, é natural que pitta-kaphas sejam hospitaleiros e tenham boa vontade para ajudar quando necessário. Lembre-se, no entanto, de que é o vata-pitta que você deseja que apareça numa emergência e que é bom ter ao lado o pitta-kapha quando precisar de ajuda no longo prazo.

Atrás somente dos kaphas, a estrutura óssea e o sistema imunológico do pitta-kapha são robustos e incrivelmente resistentes. Seus traços físicos refletem os aspectos rígidos do fogo e da terra, incluindo o tamanho de médio a grande e algumas colorações de pele, cabelo ou olhos que representam pitta. Em relação à saúde e ao equilíbrio, pitta-kaphas devem estar cientes de que sua natureza de fogo os motiva a se esforçar, mental e fisicamente, e suas qualidades de terra lhes conferem estabilidade, força e persistência. É como se estivessem no modo selvagem, com determinação marcante ou força *e* sustentação (como se pudessem levantar coisas muito pesadas e segurá-las por um bom tempo!). No entanto, se não estão cientes dessas qualidades, os pitta-kaphas passam por cima de quaisquer sinais de "pare" que seu corpo ou sua mente enviem. Eles até podem se cansar fisicamente, mas sua determinação permitirá que continuem — um ponto em que outros doshas fracassam (especialmente vatas ou vatas-pittas) e nem seu corpo nem sua mente conseguem fazê-los prosseguir. Os pitta-kaphas também podem ficar tão concentrados em uma tarefa no trabalho ou afazer doméstico que deixam de se exercitar, dormir ou passar um tempo com os amigos — componentes de saúde física e mental necessários para qualquer dosha permanecer equilibrado.

Mesmo assim, nem o dosha em questão consegue continuar dessa forma para sempre. Quando a fadiga, a frustração, a digestão irregular e as inflamações aumentam e passam despercebidas ou são ignoradas, doenças graves, como cânceres ou problemas cardíacos sérios, podem aparecer como se viessem do nada. E, como os elementos fogo e terra dos doshas pitta e kapha são pesados, imóveis e quentes, o corpo e a mente do pitta-kapha têm problemas com desapego — seja em forma de rancor, hiperglicemia, colesterol alto ou ganho de peso. E, por serem muito introspectivos, às vezes as outras pessoas não sabem que eles estão com dificuldades. Isso significa que ninguém, inclusive eles próprios, sabe da existência do problema até chegar ao ponto de ficarem muito doentes — o que, como resultado da resistência desse dosha, talvez só ocorra após a meia-idade ou depois disso. Nesse cenário, eles podem sentir inveja de constituições mais delicadas, como vata ou vata-pitta, que adquirem mais experiência em lidar com pontos fracos, considerando que eles se cansam muito mais depressa e descobrem desequilíbrios mais cedo.

EQUILIBRANDO O PITTA-KAPHA

O que você permite que se acumule? Quais emoções, experiências ou pensamentos você assimilou e internalizou simplesmente porque sentia que era sua responsabilidade fazê-lo em vez de pedir ajuda? Que consequências isso teve para você?

Pitta-kaphas sofrem em silêncio, fechando-se dentro de si quando não se sentem bem e preferindo lidar sozinhos com os problemas (eles têm escassez dos elementos éter e ar, que tornam os outros doshas mais expressivos e verbais). Portanto, quando esse dosha fica agitado por fora e começa a reclamar ou a inserir pessoas na própria experiência, você sabe que eles chegaram no limite — ou até o ultrapassaram. Isso provavelmente não acontece com frequência, já que esse é um dos doshas mais estáveis mental e emocionalmente, enraizados na lógica aliada à calma. Contudo, se eles estão passando por desequilíbrios, pode-se esperar teimosia, humor prestes a explodir, atitudes aborrecidas ou negativas ou comportamento não colaborativo.

Luz e Sombra

Pitta-kaphas são privilegiados: eles possuem cérebro e força (mental), o que faz de sua fortaleza emocional e mental seu atributo mais forte. Pode-se verificar essa potência na maneira como eles se concentram em um projeto de que gostam durante horas, dias ou semanas, sem saber quanto tempo passou e cem por cento satisfeitos de estarem a sós com o trabalho. Enquanto outros doshas perdem o interesse ou deixam de lado um problema sem solução, os pitta-kaphas continuam determinados. A resistência desse dosha é invejável (até que ela os aprisione). A mesma forma de comprometimento e investimento está presente em seus relacionamentos. Nem todo mundo fará parte de seu ciclo de amigos íntimos, mas quem fizer ficará mal-acostumado com sua dedicação. Nem sempre eles verbalizam o que sentem, mas estarão com você para o que der e vier.

Mesmo não sendo necessariamente avessos a mudanças, pitta-kaphas não gostam de desistir ou ceder, sobretudo quando já se investiu muito tempo e energia (o que geralmente acontece com as coisas que eles assumem). Quanto mais desafiadora uma situação se torna, mais eles querem se ater a ela — consequência do fogo (pitta) de sua constituição. Contudo, quando não tiram os olhos do trabalho para ter uma visão mais panorâmica da vida (que inclui experiências únicas, novas oportunidades e pessoas que os amam), o risco é negligenciarem o autocuidado e a saúde.

Eles precisam se revigorar, de movimento e de interação com os outros — atividades que levam à integração dos elementos ar e espaço — para ter equilíbrio.

Hospitalidade, ética, códigos morais e respostas a situações sem solução são motivações para os pitta-kaphas. Eles desejam acertar as coisas e fazer o certo para si e para os outros. As decisões que eles tomam e os projetos que assumem não têm nada a ver com competição externa, com impressionar alguém ou com obter aprovação alheia; elas se relacionam a realizações e a virtudes. Sua lealdade e seu compromisso com pessoas ou ideias confere foco e força a eles. Certa vez, vivenciei isso ao fazer uma trilha com meu namorado pitta-kapha. Encontramos uma equipe de trabalho constituída de universitários dando manutenção na trilha da montanha. Mencionei que eu teria adorado fazer um trabalho como esse quando mais nova e que eu gostava sobretudo da ideia de trabalhar ao ar livre e construir coisas. "Eu também adoraria", acrescentou ele, "poder construir coisas para outras pessoas aproveitarem". Enquanto eu, uma vata-pitta, queria ser parte da equipe por diversão e para produzir algo do qual *eu* me orgulhasse, ele queria criar uma coisa que outras pessoas valorizariam. As intenções de um vata-pitta envolvem mais o ego ao passo que um pitta-kapha é motivado a ajudar e a apoiar outras pessoas.

Contrapondo-se às motivações do pitta-kapha está o medo de se colocar em uma situação que comprometa sua ética e seus valores, ou que cause, sem querer, dor ou prejuízo a alguém (ou uma mera acusação de tê-los causado), apesar de ele agir com a melhor das intenções. *Observação: essa situação é diferente do medo do vata-pitta da não aprovação, uma vez que esse dosha busca validação externa, enquanto o pitta-kapha tem medo de suas intenções não serem concretizadas.* Por exemplo, eles podem investir tempo, energia, sentimentos e até dinheiro fazendo o que acham ser necessário para salvar um relacionamento ou concluir um projeto com suas melhores habilidades. Então, se o parceiro ou parceira não fica agradecido pelo esforço e continua salientando as falhas ou o cliente não fica satisfeito e só critica, o pitta-kapha ficará desolado por não ter conseguido consertar a relação ou ser útil. Considerando esse exemplo, talvez você pense que qualquer pessoa atenta ao trabalho e aos sentimentos alheios poderia ter esse medo. Em parte, você tem razão. Mas esse sentimento é muito mais forte no pitta-kapha, tanto que cria um ciclo de *feedback* entre suas motivações e seus medos. Para cada caso de prejuízo ou de decepção em potencial (seu medo), eles trabalham com maior afinco ainda para manter suas crenças éticas e consertar o que precisar de reparos (sua motivação), independentemente de terem sido os responsáveis ou não pelo estrago.

Comunicação

Deliberados e reservados ao se comunicarem, os pitta-kaphas são pessoas de poucas palavras. Não que não tenham coisas com as quais contribuir ou para dizer; melhor que isso, eles querem que tudo o que falem tenha significado. Isso vale tanto para a comunicação oral quanto para a escrita. Você não vai ouvi-los papear sobre o clima para evitar o silêncio; eles não vão perguntar como você está sem esperar uma resposta sincera e também não usarão superlativos sem justificativa. Eles podem ser vistos como curtos e grossos, já que são conhecidos como diretos — o que pode levar a interpretá-los como frios ou solitários (lembre-se de que a ausência de espaço e ar limita o que eles têm a dizer e pode fazê-los parecer antissociais). Apesar disso, eles ainda são capazes de ser gentis sem fazer esforço ou rodeios (em contraste com o vata ou o pitta, mais propensos a serem bruscos e sem filtro), e a fala deles é suave, confiante e acolhedora.

Estresse

Mesmo que o estresse atinja todas as constituições (esta é a natureza, ou o dosha, do estresse!), essa combinação nos ensina que é possível manter a calma e pensar com clareza durante os períodos mais desafiadores da vida. Diante do estresse, o dosha pitta-kapha faz uma pausa, analisa a situação de todos os ângulos e, então, entra em ação com base no que analisou. Os instintos de terra lhe dizem para congelar; os de fogo, para lutar. Por esse motivo, eles são as pessoas com a maior paciência do mundo para resolver problemas.

Os pitta-kaphas internalizam muito as emoções. Então, eles podem estar um furacão por dentro — repleto de emoções do pitta, como frustração, irritação ou raiva —, mas, por fora, você só verá uma disposição radiante. Mais cedo ou mais tarde, essa tempestade lenta vem à tona, e você verá a chuva pesada e os longos estrondos de trovão, mas será menos intenso que uma tempestade eletrizante de um pitta.

Pitta-kaphas vivenciam mais o estresse quando precisam agir fora de seus parâmetros éticos, contra suas maiores intenções ou num ritmo que não seja definido por eles mesmos. Eles têm mais motivação própria que o unidosha kapha e são mais tranquilos que o pitta puro, eles querem ser metódicos e fazer as coisas do próprio jeito e ritmo ao mesmo tempo que são acolhedores e investidores da felicidade alheia. Quando alguém tira proveito do cuidado e da preocupação que eles têm com os direitos e o bem-estar alheio ou quando são pressionados a resolver problemas mais depressa do que eles gostariam, os pitta-kaphas se sentem estressados. A intensidade do estresse aumenta se a mesma questão é retomada várias vezes ou se suas necessidades não são consideradas. Por serem teimosos (como os kaphas), os pitta-kaphas não gostam de aceitar ajuda ou admitir para si mesmos que o que estão fazendo não está funcionando (como os pittas), portanto, sua onda de estresse pode aumentar quando eles não conversam ou pedem ajuda. Os pitta-kaphas conseguem liberar o estresse e voltar a se sentir como antes quando metabolizam por completo a experiência estressante no corpo e na mente por meio de atividade física intensa, exercícios respiratórios vigorosos ou quando escrevem uma carta que nunca será enviada.

DENTRO DA MENTE PITTA-KAPHA

Quanto mais difícil é um problema, mais motivado fico para encontrar a solução, não importa quanto tempo e paciência sejam necessários.

Prefiro fazer as coisas no meu ritmo para ter a qualidade de trabalho que desejo a trabalhar sob o cronograma alheio ou fazer um trabalho que não esteja nos meus padrões.

Não fico incomodado com minha habilidade de servir a outros enquanto defino meus próprios limites.

Tenho ciência de meus pontos fortes e habilidades e os reconheço também.

Tenho grande resiliência mental e capacidade para focar, mas isso pode me levar a ficar isolado demais.

Internalizo demais meus pensamentos e minhas emoções.

Consigo priorizar as necessidades alheias em vez das minhas, mas não ter minhas necessidades atendidas aumenta minha raiva.

Para mim, pode ser difícil verbalizar preocupações e desejos até eu atingir meu limite, momento em que posso explodir.

Gosto de ser independente, mas não necessariamente tenho vontade de ser um líder.

Posso ser relativamente reservado em um primeiro encontro, mas, quando me conecto a uma pessoa e sinto que posso confiar nela, sou muito acessível.

DOSHAS E VIAGENS

Se tivéssemos de categorizar, viajar seria uma atividade *à la* vata, cheia de elementos de ar e éter, considerando os movimentos e as mudanças envolvidos (e, às vezes, o ar é literal, no caso de viagens de avião). Há uma dose de pitta (fogo e água), já que em geral viagens envolvem planejamento, e vez ou outra uma pitada de kapha, se a viagem é para relaxar.

VATA	Vatas viajam atrás de aventura. Não gostam de planejamento ou cronograma; ao contrário, gostam de decidir as coisas aos quarenta e cinco do segundo tempo. Também são conhecidos por esquecer itens essenciais quando fazem as malas.
PITTA	Você pode achar que o *p* de pitta significa várias coisas: *p* de planejamento, preparação, perfeccionismo, persuasão, precisão — tudo isso é relevante para uma viagem. Com bastante antecedência, pittas pesquisam os lugares aonde querem ir, que muitas vezes incluem algo educativo ou histórico. Eles fazem um cronograma, e, para isso, é preciso colocar o relógio para despertar de manhã. Esqueceu a escova de dentes ou o guarda-chuva? O pitta tem sobrando para emprestar!
KAPHA	Kaphas viajam a lazer. Embora haja pontos turísticos que eles gostariam de ver, as prioridades são descansar, relaxar e ter experiências gastronômicas. Espere dormir até tarde, fazer pausas para um lanchinho e jantares tarde. Embora esse dosha não se prepare demais e deixe para fazer as malas no último minuto, ele não se esquece de levar os itens que garantem seu conforto.
VATA-PITTA	Esse dosha viaja com certo planejamento mas também gosta de ter opções, já que é provável que mude de ideia na hora. Os vata-pittas gostam de visitar alguns locais "imperdíveis" mas também gostam de um pouco de emoção e exploração. Ao fazer as malas, se esquecem de alguns itens essenciais, mas exageram na quantidade de meias e peças íntimas. Ao voarem, há uma boa chance de ficarem checando a hora da partida várias vezes, porque se esquecem do horário do voo ou ficam preocupados com a possibilidade de o horário estar errado e não querem perder o voo.

PITTA-KAPHA	Acordam tarde e jantam tarde, pitta-kaphas viajam devagar e com intenção. Mesmo que nenhum cronograma de fato seja feito com antecedência, eles têm algumas coisas em mente que não querem deixar de fazer. O restante do tempo pode ser preenchido com tardes em cafés e delícias gastronômicas. Em relação à bagagem, eles levam tudo o que achar que podem querer ou precisar e fazem as malas no tempo deles.
VATA-KAPHA	É o dosha menos propenso a viajar sozinho, os vata-kaphas vão com o fluxo. Eles topam fazer o que você planejou — diga a eles o que levar, e eles virão preparados, mas também querem ter tempo livre ao longo do dia, seja para fazer as próprias explorações, seja para descansar.

CAPÍTULO 8

Vata-Kapha

VATA-KAPHA = AR + TERRA

sonhador, agregador, incentivador, parceiro, gosta de conversar

(Consulte nas páginas 234-37 as tabelas de apoio com um resumo das características de vata-kapha)

Conheça o Vata-Kapha

Laura encerra o expediente. Ela não é exatamente apaixonada por seu trabalho como assistente administrativa, mas ao menos tem colegas legais e não precisa levar tarefas extras para casa ou trabalhar aos fins de semana. Entretanto, neste fim de semana, ela não se importaria com o trabalho extra — pelo menos assim ela teria o que fazer. Todos os seus amigos estão ocupados ou fora da cidade, e, sem a disponibilidade deles, ela tem dificuldade para decidir o que fazer. Laura admite que se sente meio perdida. Adora ficar com seus entes queridos e apoiá-los da maneira que pode, mas se pergunta se todo o interesse que teve na vida deles a fez perder um pouco da própria identidade e impediu que ela encontrasse a verdadeira paixão de sua vida.

Laura é vata-kapha — um dosha único, não por ser raro de encontrar, mas por ser constituído de elementos e qualidades opostas: seus elementos primários ar e terra possuem atributos que estão nos limites exatamente opostos de uma sequência; o que equilibra vata (ar) agrava kapha (terra), e vice-versa. Por esse motivo, é desafiador prever e descrever um típico vata-kapha; se enfileirássemos vários vata-kaphas, haveria alguns pontos comuns entre eles. O que será relativamente consistente é a simpatia, a alegria e o desejo de ajudar. Eles conseguem, sem esforço, começar uma conversa com praticamente qualquer um, sendo comum fazer amizades com estranhos no avião ou esperando em uma fila. Eles ficam alegres em ajudar outras pessoas a se destacarem na vida e no trabalho e se adaptam bem a funções de apoio ou companhia. Os vata-kaphas têm escassez de fogo em sua constituição, ou seja, eles não são necessariamente líderes nem têm iniciativa própria, então, é comum serem encontrados na companhia de outras pessoas. Gostam de simplificar as coisas, querem se divertir e sua atitude "deixa a vida me levar" faz a companhia deles ser muito agradável.

Com um misto de elementos opostos e o mínimo de fogo, os traços físicos do vata-kapha são menos categóricos. Em algum lugar do espectro entre a leveza do éter e o volume da terra, eles podem ser altos ou baixos, gordos ou magros, ter feições delicadas ou grandes; são menos propensos a ter traços medianos. Por sermos mais suscetíveis a desequilíbrios nos sistemas regidos por nosso dosha, a presença de éter, ar, água e terra deixa os vata-kaphas com mais vulnerabilidades, como no sistema nervoso, nas articulações, no sistema respiratório e no imunológico. Na verdade, a saúde deles pode ser muito delicada, já que tentar curar um sintoma pode movimentar rapidamente o pêndulo para longe demais, na outra direção. Outros doshas, por exemplo, podem sanar um desequilíbrio de ar ou secura e sintomas gripais acrescentando mais terra ou umidade e calor à sua dieta e rotina. Isso não é tão simples para os vata-kaphas porque eles já têm terra em abundância. Acrescentar muito mais, às vezes até mesmo uma única gota de umidade, pode fazer o ponteiro da balança disparar. Portanto, manter-se saudável pode ser complicado para os vata-kaphas. Eles podem descobrir que alguma coisa está funcionando, como uma dieta ou uma atividade física, mas, se não fizerem ajustes mínimos para dar conta dos imprevistos diários — como ter de trabalhar até tarde, consumir alimentos mais pela conveniência em vez da qualidade ou dormir mal uma única noite —, sentem-se mal de uma hora para outra e não conseguem entender por quê. As questões físicas mais comuns entre vata-kaphas são inchaço e dor nas articulações, sinusites recorrentes, oscilação entre sensação de esgotamento ou de vigor emocional e digestão irregular. Em razão dos elementos contrastantes, os sintomas e os fatores desencadeadores podem ser tão variados quanto os atributos físicos desse dosha, tornando-o difícil de categorizar em uma única qualidade ou elemento.

Em termos comportamentais, esse dosha tem dificuldade para não se deixar levar por outras pessoas. Por se envolverem mais nos objetivos de amigos, familiares ou colegas de trabalho, muitas vezes os vata-kaphas perdem de vista as próprias metas. Com quatro elementos desempenhando funções primordiais em sua constituição, os vata-kaphas podem ser harmoniosos e ter muitos interesses, mas, sem o elemento fogo para dar determinação, eles podem sentir que desconhecem seu propósito de vida ou, mesmo, a própria identidade. A sensibilidade emocional deles pode ser um problema. Comparável à sua natureza física, pequenas questões podem causar grandes desequilíbrios; em um instante eles estão rindo com você e, um momento depois, podem ficar extremamente ofendidos, mesmo com comentários feitos da boca para fora.

Luz e Sombra

A luz do vata-kapha brilha por meio de seu apoio altruísta aos outros, um atributo forte incomparável. Embora vejamos outros doshas ajudando pessoas, como pitta-kaphas que oferecem ajuda de bom grado a pessoas queridas, o mundo inteiro do vata-kapha é externo a si mesmo. Seu amor por ver outras pessoas sendo bem-sucedidas e celebrar as vitórias delas é genuíno. Os vata-kaphas nunca tentariam levar o crédito por ideias alheias ou se apropriariam delas, mas se sentem renovados e energizados pelas boas notícias de outras pessoas, como se fossem suas próprias notícias. Como extensão desse ponto forte, eles também tendem a embarcar nos planos e nas ideias dos amigos. Se um dia precisar de um amigo para experimentar um novo restaurante com você pela primeira vez, ir a uma aula ou oferecer apoio moral em uma palestra ministrada por você, os vata-kaphas são as pessoas certas para isso.

Com uma flexibilidade dessas, vata-kaphas têm dificuldade para manter a própria identidade. *Observação: vatas são camaleões quando se trata de adaptar-se ao ambiente, mas são melhores em abraçar a própria identidade que o vata-kapha. Com apenas dois elementos, os vatas têm mais facilidade para saber do que gostam e quem são do que os vata-kaphas, constituídos de quatro elementos.* Os vata-kaphas são agregadores: quando se perdem apoiando os amigos, a identidade deles se mescla com a do outro. Ao permitir que os outros assumam a liderança, seguir as decisões alheias e colocar outras pessoas em primeiro lugar, eles perdem o senso de identidade e acabam descobrindo isso quando estão sem a outra pessoa ou quando têm tempo para si e percebem que não possuem nenhum interesse próprio. Por exemplo, se um(a) vata-kapha namora alguém que adora esportes, talvez comece a assistir hóquei ou ir a jogos de futebol. Talvez acompanhe os placares porque sabe que esse será um assunto para conversar com o parceiro. Se o relacionamento acaba, ele pode se dar conta de que nunca gostou de esportes; era apenas uma forma de apoiar o companheiro. Também é verdade que os vata-kaphas podem assumir problemas alheios como se fossem deles, como ficarem preocupados com a insatisfação de um amigo no trabalho sendo que ele mesmo não está feliz com o próprio emprego.

O vata-kapha veio ao mundo para ter bons momentos e para se certificar de que você também os tenha. A alegria é que conduz o veículo que é sua vida — apesar de ela se sentar no banco do passageiro. O kapha presente nesse bidosha o faz levar a sério as responsabilidades, mas as características de vata indicam que tal dosha quer ter o mínimo de obrigações possível — para que haja o maior espaço possível para novas experiências, conexões e diversão.

Como muitas das coisas que dão prazer ao vata-kapha envolvem a companhia de outras pessoas, esse dosha fica com receio de não ter um lugar no mundo ou na vida dos outros. A diversão que o vata-kapha busca é descartada quando não há uma pessoa com quem ele possa compartilhar as aventuras, e os sucessos e as realizações dele têm muito menos sentido quando não há alguém para celebrar junto.

Minha rotina matinal consiste em uma caminhada logo cedo, com uma parada em uma cafeteria local. Após várias conversas e encontros com a barista do turno da manhã, presumi que o dosha dela era vata-kapha. Eu me baseei na forma como ela se comunica, na personalidade e nos aspectos físicos dela, bem como nas informações a respeito dos interesses e da vida fora do trabalho que ela compartilhou comigo. Certo dia, ela me disse que era fã do site de *crowdfunding* Kickstarter, pois adora ver outras pessoas tendo sucesso. Não consegui evitar uma risadinha, já que ela falava exatamente como uma vata-kapha. Quando lhe expliquei isso, ela também riu. Ela me contou que sua paixão por ser barista estava diretamente relacionada à possibilidade de ajudar os outros. Muitas vezes ela conhece os clientes tão bem que eles parecem ser da família, e,

EQUILIBRANDO O VATA-KAPHA

Em que situações você se sente mais como você mesmo e mais à vontade na própria pele? Você se sente mais como você mesmo quando está sozinho ou quando está com outras pessoas? Você consegue verbalizar suas opiniões e desejos de maneira confiante ou tem dificuldade para entender o que realmente quer?

quando um deles se forma na faculdade de medicina, fica noivo ou consegue um emprego novo, o coração dela fica quentinho ao vê-los felizes e bem-sucedidos.

Comunicação

Vata-kaphas são agregadores em vários sentidos, e a maneira deles de se comunicar e de interagir com os outros não é exceção. Estão sempre felizes em bater um papo, participar de uma conversa (ou, mesmo, iniciá-la) e são ávidos para saber tudo sobre você e sua vida. Contudo, mesmo que compartilhem de bom grado qualquer fato sobre si mesmos, eles podem ser mais reservados quando se trata de dar opiniões. Essa atitude anda de mãos dadas com a pouca quantidade de fogo em sua constituição (pessoas de fogo são as que têm mais opinião) e com a variedade de elementos bem contrastantes (oscilar entre ar e terra pode causar muita variabilidade no modo como uma pessoa lida com as coisas, assim como em suas características físicas). Em vez de dar opinião, eles são mais propensos a concordar com a opinião do outro. Quer você esteja empolgado com uma viagem que acabou de marcar, de braços dados com uma tendência política atual ou cansado no fim do expediente, o vata-kapha será empático e concordará com você. E essa tendência de se mesclar a você não se limita ao tópico discutido ou às emoções expressas; ela também pode ter a ver com a maneira de falar. Se você fala devagar e com compaixão ou rápido e animado, receberá em troca o mesmo da parte deles. Portanto, mais uma vez, percebemos que o vata-kapha é diverso nos elementos éter, ar, água e terra e também no modo de ser. Talvez as únicas qualidades que menos vamos ver na comunicação e na interação do vata-kapha são as de fogo, forte e assertivo, expressas em doshas em que o pitta predomina. Isso não quer dizer que a comunicação deles será desprovida de detalhes ou de organização — apenas não será seu atributo mais proeminente.

Estresse

A reação dos vata-kaphas ao estresse é congelar e fugir, ambas um reflexo da falta de desejo para lidar com o problema em questão. Mesmo reconhecendo que estão estressados e admitindo de imediato que há um problema, eles preferem pedir aos outros que lidem com o assunto por eles ou culpar outras pessoas por quaisquer questões que possam ter. Vata-kaphas sabem que passar por estresse faz parte da vida, mas têm dificuldade para encará-lo por conta própria. O estresse os desorienta, já que eles não têm o fogo interno (pitta) que outros usam como luz guia. Todos deveriam ter alguém com quem contar quando estão num mato sem cachorro, mas a única maneira de um vata-kapha superar isso é se outra pessoa tirá-lo de lá.

Além dos principais fatores estressantes da vida, o dosha vata-kapha fica mais estressado quando está sozinho — sem ninguém para orientá-lo ou ajudá-lo. Da mesma forma, é estressante quando fica sabendo que os amigos a quem ele deu prioridade tiraram vantagem de sua disposição em ajudar ou estar disponível. Uma vasta parte do mundo do vata-kapha é construída com base na vida alheia, que ele pode entrar em parafuso se precisar tomar as próprias decisões ou não tiver planos com outras pessoas. Embora aprender como encontrar o próprio caminho possa ser a melhor forma de reduzir o estresse, passar um tempo com amigos e familiares é o que fará o vata-kapha se sentir melhor.

DENTRO DA MENTE VATA-KAPHA

Para mim, é fácil seguir o fluxo.

Em geral, sou feliz e contente.

Embora seja fácil rir de mim mesmo, já que não me importo que brinquem comigo e não quero causar ofensas, também há certas coisas às quais sou bastante sensível.

Parece que em geral as questões de saúde que eu tenho são mais repentinas, obscuras ou difíceis de resolver que as das outras pessoas.

Embora eu me sinta bem na minha companhia, prefiro estar com outras pessoas. Posso, inclusive, ter uma tendência a ser codependente.

Prefiro que os outros tomem as decisões. Prefiro ser a equipe de apoio a ter um cargo de liderança.

Priorizo a saúde e a felicidade alheias em detrimento das minhas.

Às vezes, sinto que minha disposição para ajudar os outros é considerada como certa. De vez em quando, eu gostaria de que isso fosse recíproco porque me dá uma sensação de pertencimento.

Consigo me dar bem com quase todo mundo.

Comemorar o sucesso alheio é uma das coisas que mais gosto de fazer.

OS DOSHAS DAS ESTAÇÕES

Os doshas nos ajudam a nos conhecermos por dentro e por fora, mas também é possível atribuir características dos doshas a quase tudo, para que compreendamos melhor como várias coisas impactam nossa vida, como, por exemplo, as estações do ano. Cada estação contém a própria constituição elemental e qualidades distintas, e, portanto, um dosha que mais se assemelha a ela. O verão é quente como pitta, o outono e o inverno (do início até o meio) são secos e frios como vata, e o fim do inverno até a primavera são úmidos e pesados como kapha. Quando levamos em conta a estação e o princípio do "semelhante atrai semelhante" (página 31), percebemos que épocas diferentes do ano prejudicam mais certas pessoas do que outras e que há desequilíbrios aos quais estamos mais sujeitos conforme a natureza muda. O verão aumenta o elemento fogo e faz os pittas correrem mais risco de desequilíbrio, criando potencial para mais frustração, crítica e raiva. O outono e o inverno (do início até o meio) aumentam o elemento ar e fazem o vata subir, causando ansiedade, medo e preocupação. E o fim do inverno até o início da primavera fazem a água e a terra subirem, deixando os kaphas mais vulneráveis ao desequilíbrio e a uma tendência crescente de depressão, tristeza e falta de motivação.

CAPÍTULO 9

Tridosha

TRIDOSHA = ÉTER + AR + FOGO + ÁGUA + TERRA

bom em tudo o que faz, equilibrado, um unicórnio

(Consulte na página 238 as tabelas de apoio com um resumo das características do tridosha)

Uma manifestação igualitária dos três doshas, dos cinco elementos e de todos os vinte atributos, a pessoa tridosha possui a combinação de doshas mais completa. Com uma constituição tão equilibrada, pode ser difícil descrevê-la de um modo específico, já que aparentemente tudo se encaixa e não se encaixa ao mesmo tempo. Você verá uma mistura de todos os elementos nos atributos físicos do tridosha, e o mesmo vale para a mente e as emoções.

O modo como um tridosha se apresenta é um caso de criação *versus* natureza. Os pontos fortes e as habilidades que foram estimulados na infância vão se destacar na idade adulta. Claro que isso não significa que essas pessoas não vão descobrir novos interesses ou talentos à medida que envelhecem, mas que a infância é o que mais influencia em suas atitudes predominantes e tendências mentais. Por exemplo, se os pais são músicos e a família mora em uma casa cheia de instrumentos e, toda terça-feira à noite, tem ensaio da banda na garagem, a criança tridosha pode ter o dosha vata da criatividade mais estimulado. Ou, se ela tem a chance de praticar esportes, provavelmente gosta de participar de jogos e pode até se tornar um astro do esporte, dando destaque para seu pitta competitivo. E, se ela não tem a opção de fazer atividades extracurriculares, voltando para casa após a escola para ler sozinha antes de ajudar os pais a preparar o jantar, o lado cuidadoso de kapha dará as caras.

Isso não necessariamente vale para outras constituições. Veja os kaphas, por exemplo. Eles podem até gostar de participar de um esporte específico, mas em geral não são lá muito fãs de atividade física e competição. Se perdem o interesse, mas são forçados pelos pais ou responsáveis a continuar (normalmente para se manterem no ritmo ou para fazer uma atividade física, da qual tendem a precisar mais), eles podem ficar desequilibrados porque serão incentivados a ir contra aquilo de que naturalmente gostam ou desgostam.

Em certos aspectos, a pessoa tridosha é menos propensa a ter desequilíbrios, pois ela tem todas as qualidades de maneira igualitária. Por exemplo, ela é tanto úmida quanto seca. Por isso, é menos suscetível a ter a pele seca se come alimentos secos em excesso ou se consome alimentos úmidos em pouquíssima quantidade, e o mesmo vale para a situação oposta, em que consome muitos alimentos úmidos e pouquíssimas comidas secas. Isso seria muito diferente para um unidosha; o aéreo vata ficaria bem consumindo mais alimentos úmidos, uma vez que comidas com essa característica equilibram sua secura, mas umidade em excesso seria combustível demais para o fogo de pitta e pesado demais para o kapha, que é repleto de água e terra. Por esses motivos, pessoas tridoshas geralmente não têm muitas doenças, a menos que tenham crescido em um ambiente excepcionalmente insalubre ou vivenciado algum tipo de trauma (o que nos leva de volta ao argumento criação *versus* natureza).

Entretanto, como tudo no Ayurveda, nada é absoluto — nem mesmo a saúde de uma pessoa tridosha. Se ela fica desequilibrada, o processo de cura é muito mais maçante pelo mesmo motivo por não ser propensa a ficar doente. Imagine o seguinte: a pessoa tridosha acumula calor suficiente para ter uma condição cutânea inflamatória. Ela tenta equilibrar o excesso de calor acrescentando coisas frias, mas, por ser inerentemente quente *e* fria, há uma pequena margem de erro antes da hipercorreção, pendendo para a direção oposta e experienciando uma condição de frio excessivo. Portanto, com a mesma facilidade que concluímos que pessoas tridoshas são equilibradas e saudáveis, poderíamos vê-las como um pêndulo com dificuldade para encontrar o centro quando em movimento.

O UNICÓRNIO TRIDOSHA

Todos nós nos vemos em cada um dos cinco doshas, uma vez que todos eles estão dentro de nós. Porém, ao mesmo tempo, sentir identificação com cada um deles leva muita gente a acreditar que é tridosha. Não é esse o caso. Mesmo que de fato seja possível você ter todos os doshas presentes de maneira igual, ser tridosha é surpreendentemente raro. Não obstante, se você acredita que sua constituição é tridosha, sugiro que permaneça aberto à ideia de ser uni ou bidosha. Se tridosha ainda fizer sentido após a leitura do restante deste livro, passe um ano observando suas oscilações e como elas se relacionam com a natureza. Um Unicórnio Tridosha se sente equilibrado em todas as estações, enquanto as outras constituições podem sentir suas bases abaladas na estação correspondente aos próprios doshas (vata: outono e início do inverno; kapha: fim do inverno e primavera; pitta: verão). Se quiser uma resposta mais imediata, dê um passo adiante e consulte um profissional de Ayurveda para ter certeza.

Como essa combinação não é muito comum e pode ser difícil de caracterizá-la em qualquer contexto específico, seja físico, seja mental, você perceberá que nossa discussão sobre a constituição tridosha é muito limitada aqui e nos próximos capítulos também. A seguir, cada capítulo sobre amor, trabalho e família contém um box especial dedicado ao Unicórnio Tridosha para mostrar como essa criatura mítica pode dar as caras. Infelizmente, se você é tridosha, saiba que não poderá deixar nada de lado quando se trata de autoconhecimento e aprendizado a respeito da própria constituição. Assim como todos os doshas se aplicam a você, os pontos fortes e os desafios, as motivações e os medos também, além da maneira de se comunicar e interagir. Cada descrição sobre doshas é relevante para você.

DENTRO DA MENTE TRIDOSHA

É muito raro eu me sentir mal, mas quando fico doente é difícil para eu me recuperar.

Tenho muitas paixões e sonhos que abrangem várias áreas de interesse. Aprender coisas novas e dominá-las é natural para mim.

Tenho muitos conhecidos e amigos íntimos também. Eu me dou bem com muita gente e me conecto com facilidade e profundidade com a maioria.

Embora eu tenha oscilações de humor, não consigo identificar uma tendência ou padrão nelas.

Mudar de direção é fácil para mim. Sou adaptável, crio raízes e fico satisfeito sem muito esforço.

Tenho o mesmo interesse por áreas da vida em que posso ser líder e por outras nas quais eu consiga dar apoio e deixar outras pessoas assumirem o controle.

Posso agir e trabalhar depressa quando necessário mas também tenho motivação e gosto de seguir meu ritmo.

Não acho estressante tomar decisões, mas nem sempre a decisão precisa caber a mim.

Sempre tive noção da minha própria identidade, mas também consigo me identificar com as outras pessoas com bastante facilidade.

Eu não descreveria nada em mim como extremo — nem características físicas, mentais, nem humor ou emoções.

PARTE 3

Os Doshas no Mundo

CAPÍTULO 10

Os Doshas na Vida

Sua idade muda, mas seu dosha é inerente, continuará sempre o mesmo. Não obstante, a sensação pode não ser essa quando você reflete sobre sua vida. Há chances de você ter passado por muitas fases diferentes, algumas em que a pessoa que era antes não parece nem um pouco com a que você é hoje. Mesmo assim, independentemente de por quantas fases você passou ou das vidas diferentes que viveu, a constante é uma só: você sempre foi, e sempre será, como você é. A receita exclusiva de elementos e qualidades com que você veio ao mundo nunca mudará. Nossas características mentais e emocionais são uma extensão do nosso dosha, portanto, enquanto nossas experiências ao longo das etapas da vida moldam quem somos, nosso dosha prepara o terreno para o modo como reagiremos e responderemos a essas experiências.

Mesmo que não mudemos de vata para kapha ou de pitta para vata, em algum momento da vida há motivos válidos para você sentir que esse é o caso. Primeiro, é possível que você atualmente esteja em um estado de desequilíbrio ou que já tenha estado desequilibrado ao longo da juventude (veja as páginas 31-36 para refrescar a memória a respeito dos desequilíbrios). É fácil confundir o dosha com um desequilíbrio ou se definir pela maneira como você se sente neste exato momento, especialmente se o desequilíbrio for crônico. Mas momentos passam e, se você não analisar o que é constante na maneira como age ou sente, mesmo que esteja bem lá no fundo, provavelmente você vai identificar seu desequilíbrio em vez do dosha. Se você sente uma diferença enorme entre quem você é *versus* quem você foi na juventude, pergunte-se qual versão sua parece ser mais saudável e mais autêntica. É provável que isso aponte sua verdadeira constituição.

Segundo, algumas das qualidades ou habilidades que mais definem você podem não ter sido totalmente percebidas ou desenvolvidas até a idade adulta. Assim como seus ossos, músculos e cérebro ainda estão em desenvolvimento durante a infância, muitas de suas características mentais e emocionais mais refinadas também estão. E cada pessoa e dosha se desenvolvem num ritmo próprio — há indivíduos que desabrocham cedo e outros mais tarde, mas não existe um dosha melhor que o outro. Em geral, kaphas são os que mais demoram para desenvolver, vatas podem ter mais consciência própria a respeito de compartilhar seu verdadeiro eu e pittas talvez sintam a necessidade de demonstrar que são corajosos e escolhem abraçar apenas suas qualidades. Ainda assim, mesmo com tantas variáveis que podem impactar nossa trajetória, a única certeza é que nosso talento está sempre dentro de nós; ele simplesmente ainda não desabrochou.

Terceiro, talvez você tenha aprendido a esconder algumas vulnerabilidades e a lidar com certos hábitos que não são tão saudáveis assim na idade adulta. Talvez você tenha sido humilhado ou provocado por conta de sua personalidade, de seus interesses ou de suas qualidades mais notáveis, e achou necessário escondê-las. Talvez você gostasse de dançar e rodopiar nos corredores do supermercado e sua mãe lhe dizia para ficar quieto ou gostasse de fazer seus amigos rirem mas frequentemente arrumava problema por conversar durante a aula. Talvez você tenha percebido coisas em si mesmo de que não gostou, como procrastinação ou dificuldade para impor limites, e se esforçou para mudar. Pode ser difícil de imaginar que esses sentimentos ou comportamentos ainda fazem parte de você como adulto, mas a verdade é que eles sempre estarão aí.

Fases da vida também assumem qualidades de doshas. Do nascimento à morte, há três principais "estações" que afetam o corpo e a mente de acordo com o dosha de cada estação: kapha (do nascimento à puberdade) para pitta (da puberdade à menopausa ou à andropausa — as alterações hormonais que ocorrem no início e no fim da idade adulta) para vata (menopausa ou andropausa à morte). As qualidades inerentes do seu dosha são constantes, não importa a fase da vida em que você esteja, ainda assim é importante observar a relação dos doshas com as estações da vida. Elas podem ser o motivo pelo qual você se percebia diferente quando criança, um fator nas oscilações de saúde ou mesmo o que ajudou (ou ajuda) você a manter o equilíbrio.

Por exemplo, a fase kapha da vida trará à tona as qualidades de kapha em todos nós. A ênfase na água e na terra durante a infância significa que dormimos um pouco mais e somos um pouco mais fofinhos, com um pouquinho de gordura corporal extra. Um kapha durante essa fase da vida está em sua própria estação, o que significa que todos os seus atributos inatos poderiam estar acentuados, mas pode ser mais fácil ficar desequilibrado também: talvez ele queira dormir o tempo *todo* ou tenda a ficar mais triste. Ao chegarmos à adolescência, entramos na época pitta da vida. Não é coincidência os adolescentes serem mais esquentadinhos — mais rebeldes e briguentos —, mas os que têm pitta em sua constituição serão mais sensíveis a essas características até chegarem às mudanças hormonais no fim da idade adulta — talvez com intensa acne cística (um tipo de inflamação), ciclos menstruais mais densos ou uma vida profissional mais direcionada e ambiciosa. E, após as mudanças hormonais, durante a fase vata da vida, todos nós ficamos mais frágeis e delicados, como os elementos ar e éter. Se você é vata, vai sentir isso com mais força, tendo chances maiores de quebrar ou fraturar ossos, cair ou perder a memória.

Uma forma de examinar como as fases da vida podem revelar seu dosha é por meio da dinâmica familiar, uma vez que as interações com as pessoas conforme envelhecemos podem apontar diferenças nos doshas.

Seu passado faz parte de sua história, e olhar para trás é como acessar arquivos pessoais, que estão lotados de informações a respeito de padrões mentais, emocionais e comportamentais. Eles permitem determinar como suas experiências o incentivaram ou o inibiram a crescer sem se preocupar com quem você é. Atualizar essa informação em sua mente enquanto lê este capítulo ajudará você a ter mais certeza sobre seu próprio dosha e esclarecerá maneiras de fazer mudanças positivas que não somente impactarão sua vida mas a de seus familiares também. Portanto, se você está lendo este capítulo na esperança de se autoconhecer mais ou compreender melhor um ente querido, reserve um tempo para considerar o seguinte:

1. Você foi uma criança saudável e sua infância foi estável e saudável de modo geral? Você ficava doente com frequência ou acha que cresceu em um estado de fluxo ou de desequilíbrio? Se você era saudável quando criança e cresceu em um ambiente estável na maior parte do tempo, há menos risco de confundir desequilíbrios da infância com seu dosha. No entanto, se sua saúde e/ou o ambiente eram menos estáveis, talvez você tenha passado boa parte da infância fora de equilíbrio. Ao refletir sobre sua infância e a associação dela com seu dosha, talvez você descubra que não há sincronia (consulte as páginas 31-36 para refrescar a memória a respeito dos desequilíbrios e a tabela de correspondências no apêndice para entender as tendências do seu dosha em relação ao desequilíbrio).
2. As experiências de sua infância incentivaram suas qualidades naturais? Suas vulnerabilidades eram acolhidas e aceitas? Seus interesses, suas habilidades e seus valores eram nutridos ou você era fortemente estimulado a participar de atividades de que não gostava ou a se envolver com pessoas com quem não se identificava? Às vezes, crianças sofrem pressões internas ou externas para se encaixar em um molde, e isso impede suas qualidades inerentes de brilhar. É importante reconhecer isso em si mesmo, em parte

para compreender como sua infância impactou sua habilidade de abraçar seu dosha mas também para seguir em frente e conseguir levar uma vida mais genuinamente sua (mais informações no Capítulo 13).

3. Pense em suas memórias de infância mais marcantes. Elas o impactaram de maneira positiva ou negativa? Há desequilíbrios ou crenças que você vivenciou na infância e trouxe para a vida adulta? Você está vivendo sua fase adulta como seu verdadeiro eu ou como a pessoa que foi educada e condicionada para ser? Se está vivendo como uma versão de si mesmo que não é verdadeira para você, é provável que sua própria avaliação de seu dosha possa estar enraizada em falsas premissas.

À medida que percorremos as maneiras que os diferentes doshas experienciam as fases da vida e a dinâmica familiar, analisaremos as características que se destacam ao longo da infância e da idade adulta. Também exploraremos a influência que nosso dosha exerce sobre os papéis que desempenhamos no mundo como estudantes e modelos a seguir, bem como em nossas famílias como filhos(as), irmãos(ãs) e pais/mães.

Vata

Vatas como crianças e como estudantes

Vatas vêm ao mundo dançando conforme a própria música. Eles são individualistas, excêntricos e desinibidos, mesmo que isso signifique não se encaixar entre as pessoas comuns. São etéreos e aéreos, enérgicos e ativos, e as várias oscilações de sua mente muitas vezes se refletem no corpo físico. Batendo com uma caneta, balançando uma perna ou mexendo no cabelo, frequentemente uma criança vata ouve repetidas vezes a ordem para que fique quieta. Crianças vata têm a estrutura mais magra, pouquíssimo apetite e o sistema imunológico mais delicado de todos. Sua constituição pode ser frágil por dentro e por fora, dificultando a tolerância a estresse físico e emocional e deixando-as mais suscetíveis a dores e feridas físicas e emocionais.

Em casa ou na vida familiar, pode parecer uma luta constante fazer uma criança vata ouvir e fazer suas tarefas — como arrumar o quarto bagunçado ou terminar o dever de casa. Isso não acontece por desobediência; vatas não conseguem prestar atenção por tempo suficiente para finalizar a tarefa que estão fazendo, especialmente se houver muitas oportunidades tentadoras ou objetos chamativos para distraí-los. É possível que muitas crianças diagnosticadas com TDAH tenham uma representação mais forte de vata em seu dosha (ou estejam sofrendo de um desequilíbrio no vata). Isso anda lado a lado com a dificuldade das crianças vatas para seguir rotinas e horários. Elas resistem porque gostam de fazer o que, para elas, parece melhor no momento, o que está sempre mudando e é imprevisível. Não se pode perguntar a uma criança vata de manhã o que ela quer jantar, pois ela não vai saber qual é sua própria vontade até a hora de comer (e, mesmo assim, terá dificuldade para decidir). Ter disciplina suficiente para seguir uma rotina, ter mais experiências conhecidas do que novas e criar vínculo com pessoas que, para ela, são acolhedoras é essencial para sua saúde física e mental e para ter êxito fazendo as coisas de que gosta. Descobrir um meio para essa criança nutrir seu lado criativo e explorar interesses diferentes lhe permitirá ter uma infância divertida e feliz, mas é importante que ela tenha os pés no chão também. Sem isso, ela pode começar a se sentir ansiosa, sozinha e desconectada.

Em relação à educação, vatas aprendem rápido quando conseguem focar, mas essa rapidez pode ser uma desvantagem. O ponto forte deles reside na memória de curto prazo, ou seja, provavelmente estudam para as provas sob pressão. Eles memorizam as anotações na noite anterior e, então, no decorrer da prova, vão despejar as informações que guardaram na cabeça.

> **EQUILIBRANDO O VATA**
>
> Quem ou o que (ambiente, objetos, atividades, rotina) ajudava você a se sentir estável e seguro na infância? Como você poderia recorrer a essas ferramentas agora, seja para si mesmo, seja em apoio a familiares que parecem deslocados?

Doshas vata usam sua rapidez para fazer as tarefas correndo, sobretudo por conta de sua capacidade limitada de atenção. Enquanto um pitta pode considerar uma vitória chegar em primeiro lugar, vatas simplesmente querem poder passar para a próxima atividade antes que o desinteresse e o tédio se instalem. Na sala de aula, o aluno vata provavelmente é repreendido por falar durante a aula ou por não continuar a tarefa. Ele é hiperestimulado com facilidade e, naturalmente, descarrega suas emoções conversando ou se movimentando. Isso alivia a sensação de querer sair do próprio corpo, o que pode aparecer quando ele é forçado a caber em certas estruturas e a ficar quieto por muito tempo. Infelizmente, sua necessidade de se movimentar, se mexer ou falar pode ser confundida com hiperatividade ou déficit de atenção, mas na maioria das vezes trata-se de uma manifestação de sua incontrolável mente criativa e imaginativa (o TDAH é um reflexo do desequilíbrio no vata. Qualquer dosha pode ter desequilíbrio em vata, mas pessoas que possuem mais vata em sua constituição inerente são especialmente suscetíveis).

Vatas como Adultos, como Modelos a Seguir e como Pais/Mães

Vatas não deixam de ser inquietos quando ficam mais velhos, mas a idade e a experiência podem ajudá-los a focar a atenção e mirar o alvo, na maioria das vezes para buscas criativas e estilos de vida não convencionais. Quando adultos, eles ainda são motivados a fazer e ver a maior quantidade possível de coisas, mas, se conseguirem praticar o aterramento, poderão se concentrar no trabalho, atingir metas pessoais e sentir o equilíbrio da mente e do corpo. É somente quando não estão ancorados que os veremos se esforçando em vão e procurando direções. Isso os faz correr maiores riscos de desequilíbrio, como aumento da ansiedade, incapacidade de focar, insônia, perda de memória e sintomas físicos como secura, constipação e atrofia muscular. Isso vale sobretudo quando eles adentram na fase vata da vida (no início da menopausa ou da andropausa). Quando mais velhos, todos nós incorporamos naturalmente mais dos elementos ar e éter, mas, se você veio ao mundo com predominância deles, seus anos de sabedoria podem trazer mais esquecimentos, quedas ou dores nas juntas por causa de artrite.

Além de continuar lidando com vulnerabilidades reveladas na infância, o vata adulto precisa ter consciência de como suas dificuldades pessoais podem se espalhar por outras funções da vida em que a estruturação é preferível ou necessária, como ser pai ou mãe. Recorremos a nossos pais em busca de segurança e liderança, mas pais e mães vata podem facilmente cair num estado de ansiedade e medo. Ser pai e mãe nesse estado pode ser paralisante para o pai/a mãe e para o(a) filho(a); se o pai ou a mãe é indeciso e inseguro, a criança ficará sem direção ou estabilidade. Ter cuidados saudáveis com os pequenos geralmente é uma aposta certa, mas projetar na criança um medo excessivo do mundo ou de novas experiências pode limitar o aprendizado dela (especialmente se ela também for vata!). E, se o pai/a mãe vata não estiver aterrado(a), talvez ele(a) não tenha a disciplina necessária para impor regras e limites, tendo a possibilidade de entrar no modo amizade ou de assumir o comportamento de filho em vez do parental. Em contraste, o pai ou mãe vata confiante e confortável consigo mesmo e cuja criatividade caminhe ao lado das práticas de aterramento, que ajudam a controlar e equilibrar as indecisões e inseguranças, não somente influenciará os filhos a fazerem o mesmo, como também criará uma infância com experiências divertidas. Esses pais e mães vão criar os filhos para serem expressivos, cheios de vida e sem medo de sair do caminho comum.

QUANDO PAIS E FILHOS TÊM DOSHAS OPOSTOS

Todos os doshas são capazes de descobrir maneiras de ter relações harmoniosas, mas, quando se trata de laços familiares, podem surgir embates entre os doshas. Embora haja fatores específicos em jogo em relação aos doshas dos seus pais e os seus, não se trata de matemática genética (um pai/uma mãe pitta mais um pai/uma mãe vata não é igual a um filho vata-pitta). Isso quer dizer que você pode acabar tendo um filho com interesses e necessidades muito diferentes das suas. Se você não estiver sintonizado com isso, a sensação pode ser de que seu filho tem um campo de força ao redor que repele até mesmo sua aproximação como pai/mãe, gerando uma série de mal-entendidos e regras desrespeitadas. Pais e mães vata podem ter dificuldade para manter uma estrutura, o que pode irritar crianças pitta e kapha que gostem de planejamento, organização e rotina. Por outro lado, pais e mães pitta gostam de estrutura e podem pressionar demais filhos de todos os doshas a mantê-la; filhos vata terão dificuldade para corresponder às expectativas deles e filhos kapha gostarão da rotina, mas não do desconforto de serem obrigados a fazer alguma coisa. Por fim, pais e mães kapha serão a doçura acolhedora que todo mundo ama, mas isso pode não ser bom para filhos vata ou kapha que precisem de mais regras, formalizações e orientações para se manterem nos eixos. Por outro lado, a suavidade é um equilíbrio perfeito para a criança pitta, supondo que ela não veja uma oportunidade para se rebelar nem assumir o comando.

DENTRO DA MENTE VATA

Fui uma criança aventureira mas também tive minha cota de medos e ansiedades.

Na escola, tinha dificuldade para focar e ficar quieto em sala de aula. Recreio, educação física e arte eram as exceções.

Vou atrás de meus irmãos para pedir orientação e apoio quando se trata de questões familiares. Sou um pouco mais disperso que eles.

Como pai/mãe ou responsável, acho difícil impor regras e estruturas porque eu mesmo(a) tenho dificuldade com essas coisas.

Ser adulto é dureza!

Pitta

Pittas como Crianças e como Estudantes

A criança pitta, às vezes retratada como o menino ou a menina de ouro, é a mais autossuficiente dos doshas. Mesmo quando bem pequenos, pittas têm um medidor interno de objetivos, realizações e perfeição. Enquanto dão duro para ser o melhor que podem, às vezes competindo consigo mesmos ou com os outros, eles respeitam as regras e estruturas implementadas pelos pais, professores e treinadores. Tendem a brilhar em tudo o que fazem, um sentimento que é verdadeiro mesmo quando a empreitada não tem, necessariamente, interesse específico para eles. Isso porque seu principal interesse é dar tudo de si e um pouco mais, não importa se é em casa, na escola ou em atividades extracurriculares. Via de regra, o quarto da criança pitta é organizado e limpo — talvez até seus brinquedos e suas roupas estejam com o mesmo espaçamento ou guardados em lugares específicos, o dever de casa é feito sem muito alarde, e eles aparecem nas aulas e atividades no horário e com entusiasmo.

Mas não se iluda. Ainda que o desejo de ser o melhor seja autêntico, o comportamento deles não é necessariamente de ouro o tempo todo. Essas crianças têm um fogo potente, ou seja, potencial para birras e revoltas. Elas podem ficar nervosas, fazer uma cena e perder rapidamente as estribeiras com qualquer um, mas as pessoas mais próximas a elas e mais propensas a perdoar ou esquecer, como familiares, provavelmente são mais afetadas. Elas podem soltar os cachorros nos entes queridos, mas isso acontece porque geralmente estão frustradas ou sendo duras demais consigo mesmo — se as coisas não saem do jeito delas, é sinal de derrota, ou então não pensam que são boas o bastante.

O hábitat natural dos pittas é a sala de aula. Eles são eternos aprendizes, seja pela educação formal, autodidatismo ou pela busca de relacionamentos intelectualmente estimulantes. Eles valorizam notas e o próprio desempenho em atividades extracurriculares, portanto, são estudantes atentos e excepcionais. Na verdade, o infame adesivo de para-choque "meu filho é um aluno exemplar" poderia facilmente ser trocado por um decalque "meu filho é um pitta". Mas, como os pittas conseguem dominar as coisas rapidamente, tudo desanda quando eles não são mais desafiados. Tarefas, metas e objetivos cada vez mais altos são a estrela-guia de sua paixão e foco. Sem eles, o fogo interno do pitta pode ser imprevisível, muitas vezes direcionado aonde não é bem-vindo, como para colegas de turma ou figuras de autoridade.

Na mesma linha, se uma criança pitta vê algum motivo para questionar a autoridade — um pai ou mãe arrogantes ou um professor ou técnico inseguro ou frágil —, o resultado pode ser uma revolta ou uma desconsideração total por pessoas e regras. Do nada, o estudante-modelo se transforma no problemático. Esse cenário pode ser muito mais comum quando a criança chega à puberdade. Enquanto a sociedade diz que é uma fúria hormonal, o Ayurveda afirma que é um aumento de fogo, tornando os adolescentes mais irritáveis, afrontosos e difíceis de argumentar.

Na dinâmica familiar, os pittas são os líderes. São as crianças que ficam encarregadas quando mamãe ou papai vai chegar tarde do trabalho, que definem os patamares (altos) a que os irmãos tentam corresponder (resultando em ressentimentos frequentes na mesa destinada às crianças). Isso independe da ordem de nascimento, estando estritamente conectado à sua habilidade inerente de assumir responsabilidades com confiança e gosto. Porém, muito embora essas crianças se saiam bem nessa função, é importante ter cuidado com a frequência com que os pais as estimulam. Elogiar a criança pitta por assumir mais responsabilidades (de qualquer tipo) pode reforçar a noção de que é dever dela ser tudo para todo mundo e que a produtividade e o sucesso não são tão somente valorizados — são equivalentes ao amor. Isso os faz tentar atingir o impossível, formando padrões e hábitos que mais tarde causarão autodestruição. Talvez você ache que toda criança saiba, por instinto, o que é diversão, mas a criança pitta precisa aprender a reservar um tempo para brincar e perceber que isso é tão importante e útil quanto a produtividade (ou aprender como é valioso ser improdutivo!) e também precisam vivenciar fracassos.

Qualquer dosha pode sair da infância com uma ideia distorcida sobre o próprio valor, mas pittas são predispostos a acreditar que seu trabalho, suas vitórias e seus sucessos os tornarão dignos do tempo, da companhia e do amor alheios. Pelo fato de muitas coisas que eles valorizam serem o que a sociedade reverencia, como dinheiro, status e vitórias, é essencial mostrar a essas crianças como é boa a sensação de ser livre de estruturas e aceitar o comum. A infância pode moldar os pittas a terem ao mesmo tempo empenho e apreço pela família, pelos amigos e pelo lazer, ou pode forjá-los a serem indivíduos bem-sucedidos que priorizam a carreira acima de tudo. O pitta que cresce respeitando a brincadeira tanto quanto o trabalho é uma pessoa de sorte, assim como quem fica perto dele. Acertar o equilíbrio entre saber quando direcionar a atenção às responsabilidades e quando chutar o balde e relaxar é uma façanha e tanto.

EQUILIBRANDO O PITTA

Como o perfeccionismo e as vitórias eram recompensados na sua infância? O perfeccionismo surge em suas atitudes de pai/mãe ou ao interagir com sua família? Como seria um modelo de família que incorpora mais lazer, diversão e que aprende com os erros?

Pittas como Adultos, como Modelos a Seguir e como Pais/Mães

Espera-se que pittas cheguem à idade adulta com a confiança, habilidades de liderança e zelo que lhes são próprios, junto com uma compreensão de que serão amados independentemente do nível de sucesso deles. Pittas se sentem à vontade no mundo profissional; no trabalho, assim como na escola, eles são ávidos para se sobressair e manter a mentalidade de vencedor. Quando adentram uma etapa da vida em que todo mundo está construindo uma carreira, eles precisam ligar o alerta *burnout* no máximo. Pittas já são equipados com um fogo potente, e o impulso, a garra e a determinação necessárias para empreender ou galgar os degraus corporativos constroem esse calor interno — que pode causar fadiga, confusão mental ou inabilidade de operar no máximo. Portanto, quando pittas se forçam a ir até o limite, buscando perfeição e resultados excelentes em tudo que fazem, eles correm o risco de não ter a energia para aproveitar os frutos de seus esforços, o que pode alimentar mais raiva, frustração e ressentimento.

Os pittas não possuem somente o conjunto inato de habilidades para prosperar na vida profissional, como também têm todas as ferramentas necessárias para ser o CEO da família. Aqui, sua competitividade entra em cena: eles não terão apenas uma família; eles terão a *melhor* família. Eles assumem com facilidade o papel de pais/mães ou responsáveis, já que ficam à vontade tomando decisões e liderando. Embora, não exista esse negócio de pai ou mãe perfeitos, que eles tentam ser. Na verdade, eles podem projetar esse perfeccionismo nos filhos de uma forma doentia, definindo padrões via de regra irreais e inatingíveis — um pesadelo para crianças vatas com dificuldade para focar ou as kaphas mais relaxadas e um estopim para crianças pitta que têm o fogo para tentar atender a essas expectativas, mas nunca conseguirão. Eles também podem empreender todos os esforços possíveis para impedir que os filhos fracassem e evitar que as crianças cometam os mesmos erros que eles cometeram (não por medo vata, mas por perfeição pitta), sem perceber que fracassos e erros são necessários para o crescimento pessoal. Assim, pittas se tornam propensos a serem mães e pais-helicóptero, exagerando no cuidado e limitando as oportunidades de os filhos serem autossuficientes.

DENTRO DA MENTE PITTA

Fui a criança que gostava de ter um quarto limpo e organizado.

Como aluno, era focado e determinado. Estudar e dar meu melhor era muito importante para mim.

O trabalho de pai/mãe é tão natural para mim quanto qualquer outro de liderança, mas preciso me atentar às regras e restrições. Às vezes, sou rígido ou controlador demais, embora isso seja um esforço sincero de evitar que meus filhos tomem decisões ruins ou não atinjam seu potencial.

Quando criança, eu ficava com raiva se não conseguisse alguma coisa. Na verdade, nada mudou desde que virei adulto, exceto por ser mais fácil conseguir as coisas agora.

Minha família me considera o responsável. Quando alguém precisa de uma mão ou de cuidados extras, eles sabem que vou me dispor a ajudar, não importa quantas demandas eu já tenha para atender.

Kapha

Kaphas como Crianças e como Estudantes

O aterrado kapha é o símbolo *sui generis* do "deboísmo". Desde bebês rechonchudos até a formatura do ensino médio, eles são tranquilos e pouco exigentes, o que torna ser pai ou mãe dessas crianças uma navegação em mares calmos. Em razão da fase kapha da vida, todos os bebês têm mais características desse dosha, com traços redondos e uma vitalidade que nos faz amar segurá-los e ficar perto deles. Em geral, as pessoas adoram estar perto de kaphas, já que eles têm uma energia alegre e amável. Professores, pais e colegas se dão bem com essas crianças, mas, por investirem mais em relações profundas e significativas, kaphas optam por ter um ou dois amigos íntimos ou passar a maior parte do tempo sozinhos. Festas do pijama e atividades extracurriculares podem não ser a praia deles, mas passar o dia todo lendo ou com adultos, sim.

Crianças kapha adoram dormir, mas tendem a não gostar de atividade física e têm dificuldade para serem motivadas. Isso pode ser um sinal de problema quando o assunto é ganho de peso, já que esse dosha é naturalmente constituído da maior estrutura entre todos os doshas já no começo da vida. Na verdade, os maiores embates e discórdias com crianças kapha podem se relacionar a exercícios e iniciativa. Elas ficam motivadas por coisas que lhes interessam, mas, do contrário, preferem ficar em ambientes internos e quietas, fazendo um esforço indiferente para coisas que não acham confortáveis ou compensadoras.

Crianças kapha não precisam se preocupar demais com doenças. O dosha kapha comanda o sistema imunológico, portanto, enquanto crianças que ficam molhadas e babam são as que mais espalham germes, a criança kapha ou não fica doente com surtos na escola ou apresenta uma recorrência menor de casos e com uma gravidade menos intensa também.

Na escola, a criança kapha é relativamente discreta. Via de regra, aprende mais devagar, não por falta de inteligência mas porque faltam em sua constituição um pouco da velocidade e da acuidade (ar e fogo) de vata e pitta. São crianças avessas a conflitos, portanto, é improvável que causem confusão na sala de aula ou no parquinho, e é incomum contestarem as regras da sala. Elas não falam muito, não por serem tímidas ou introvertidas mas porque preferem guardar as coisas para si. Alguns professores podem suspirar de alívio por terem um aluno tão satisfeito que não gera desafios, mas é preciso tomar cuidado para a pacificidade do aluno kapha não se transformar em passividade.

Certamente kaphas não querem ser o centro das atenções, mas ainda é importante que suas necessidades e seus sentimentos não sejam negligenciados, sobretudo se eles estiverem em situações inseguras, como bullying. Com uma estrutura maior, aprendizado mais lento e preferência por ficar sozinho, eles podem se tornar alvos fáceis de importunação. Por não quererem causar problemas, é provável que eles não se defendam nem reportem essas interações. Assim, é essencial que esses estudantes encontrem um meio de participar e ter sua voz ouvida, em prol de sua experiência de aprendizagem e para garantir que eles não internalizem em demasia as emoções.

O clichê da pessoa caseira pode ser, na verdade, o código para o dosha kapha. Eles são muito voltados aos familiares e adoram uma noite de jogos, um jantar especial ou passeios em família. Via de regra, seus pais e irmãos gostam dessa atitude "deixe a vida me levar", mas kaphas também podem se acomodar. Como guardam para si suas emoções, muitas vezes eles são considerados a parte neutra em qualquer situação e podem ser convocados para mediar discussões familiares ou dissuadi-las simplesmente por estar presente. Como o responsável pitta, às vezes a atenciosa criança kapha pode precisar agir como o pai ou a mãe, ou como outro adulto. Não é preciso dizer que essa não é sua função e colocá-la no papel de pai/mãe ou mediador é o mesmo que puni-la por sua atitude neutra. É importante que kaphas aprendam a expressar, de maneira saudável, suas emoções e opiniões na infância — claro, sem serem forçados ou obrigados a isso —, senão eles podem acabar observando a própria vida dos bastidores.

Kaphas como Adultos, como Modelos a Seguir e como Pais/Mães

É da natureza de kapha evitar mudanças, portanto, muitos pontos fortes e dificuldades característicos dessa constituição na infância se mantêm nela na fase adulta. Kaphas podem ser nostálgicos sem viver no passado, mas é correto chamá-los de "pés grudados no chão". Eles gostam de fazer as mesmas coisas que faziam durante a infância — manter o mesmo círculo de amigos, morar na mesma cidade e contar as mesmas histórias. Para eles, isso não é tedioso, é reconfortante. E também não quer dizer que não explorem coisas novas, apenas que as fazem no próprio ritmo. Via de regra, eles se sentem satisfeitos, já que a terra é cheia de elementos de aterramento. Sua felicidade é invejada pelos outros doshas, sempre no ímpeto de alimentar os próprios desejos de busca e aprendizado.

> **EQUILIBRANDO O KAPHA**
>
> Como você lidava com as mudanças provenientes das diferentes etapas da vida, como começar ou trocar de carreira, mudar-se de casa ou se casar? Como você define uma linha distinta entre ser nostálgico e sentir saudades do passado de modo que possa, ao mesmo tempo, ser grato por onde esteve e ficar animado com rumos futuros?

Cuidadores por excelência, para o kapha é natural ser um pai ou uma mãe que demonstre afeto, faça elogios e dê recompensas. Eles são como rochas com exterior macio, portanto, ótimos para criar um ambiente seguro e estável em casa. Entretanto, como gostam de manter a paz, kaphas podem se sentir atravancados ao impor estruturação, orientação ou disciplina. E mesmo que não demorem, seu jeito dócil de falar fará que a disciplina pareça negociável.

Embora kaphas reconheçam que regras existem para o bem de seu filho, o que eles mais querem é ver essa criança feliz. Consequentemente, a hora de dormir pode ser adiada, os deveres de casa podem passar batido e as comidinhas não saudáveis virarem hábito. Talvez sua casa se transforme no ponto de encontro do bairro, já que as crianças conseguem escapar impunes sob sua supervisão. Divertir-se é essencial, mas excesso de compassividade sem discernimento pode fazer um pai ou uma mãe se parecer mais com um capacho ou um amigo do que com a autoridade que eles precisam ser.

DENTRO DA MENTE KAPHA

Embora muitas vezes eu fosse incentivado a ser mais sociável, ficava muito contente sozinho ou com os adultos à minha volta. Em geral, eu perdia a noção do tempo quando estava lendo um livro ou fazendo outra atividade.

Como estudante, tirar notas boas não era uma grande prioridade para mim, embora eu concordasse de bom grado com os professores e fizesse o que me pediam.

Eu me considero um cuidador e adoro ver os outros felizes. Assim, como pai/mãe ou responsável, tenho dificuldade para dizer não ao meu filho ou fazer coisas que vão chateá-lo, mesmo quando sei que será uma experiência de aprendizagem benéfica para ele.

Sou a rocha e o pacificador entre meus familiares e irmãos. Por ser calmo, estável e bom ouvinte, eles recorrem a mim com frequência quando precisam de um ponto de apoio para seus problemas, especialmente se são questões relacionadas a outro irmão.

DOSHAS E COMPRAS DE SUPERMERCADO

VATA	A tendência do vata é fazer viagens rápidas e frequentes ao supermercado. Muitas vezes, eles se esquecem da lista ou se distraem e acabam não comprando tudo de que precisam, só vão se lembrar do que esqueceram quando estão na metade da receita.
PITTA	Pittas farão um planejamento estratégico do dia de ir ao supermercado, levarão uma lista e comprarão os itens dela e insistirão em empacotar as próprias compras porque querem fazer "do jeito certo".
KAPHA	Pessoas kapha andam devagar pelo supermercado. Levam listas, mas provavelmente acrescentarão itens enquanto compram, sobretudo se avistarem uma guloseima tentadora.
VATA--PITTA	Em geral, esse dosha traz uma lista, mas ainda assim pode se esquecer de um item que estava nela. Pessoas desse dosha ficam tentando adivinhar qual fila do caixa está mais rápida e podem trocar de fila uma ou duas vezes se a delas estiver andando devagar.
PITTA--KAPHA	Pitta-kaphas chegarão ao supermercado com a lista, embora possam pegar um item extra se estiver em promoção ou como agrado especial para os filhos ou outro ente querido. Ajudam pessoas nas filas e esperam pacientemente na que escolheram desde o início, mesmo que seja a mais lenta.
VATA--KAPHA	Quer o vata-kapha chegue ao supermercado com ou sem uma lista, muitas vezes esse dosha sairá com mais coisas do que pretendia comprar. Eles podem ir até lá algumas vezes por semana, ou para pegar algo de que um ente querido precise aos quarenta e cinco do segundo tempo, ou para comprar os ingredientes para uma receita diferente que queiram testar. Sempre que estão fazendo compras, eles conversam (ou fazem amizade) com o caixa e com outras pessoas na fila.

Vata-Pittas como Crianças e como Estudantes

Afoita, mas insegura poderia ser o jeito mais rápido de descrever a criança vata-pitta. Ela tem muitos motivos para ser confiante e corajosa, como intelecto aguçado, capacidade de aprender depressa e habilidades criativas para resolver problemas, no entanto, esse dosha pode ser um dos menos confiantes durante a infância. Essa característica provém do padrão de pensar demais nas coisas. O dosha vata mergulha em uma situação por conta da experiência, sem se preocupar com o resultado ou estar ciente dele. O dosha pitta também se propõe a dar o primeiro passo, mas é seguro de si e não se importa com o que outras pessoas pensam. O vata-pitta questiona tudo. Enquanto outros se divertem e se esquecem com facilidade de momentos vergonhosos e de falhas, o vata-pitta os remói, comparando-se com outras pessoas. Então, ele se torna consciente do que está fazendo, apenas perpetuando o ciclo.

EQUILIBRANDO O VATA-PITTA

Na infância, você sentia que seguia seu coração ou agia e tomava decisões de modo a ser aceito, validado por outros, ou para provar seu valor, inclusive escolhendo uma carreira com base nas expectativas de familiares? Liste três decisões que você tomou recentemente em que a principal consideração tenha sido seu bem-estar, e não a aceitação familiar.

Em parte por respeito, mas sobretudo por medo das consequências, é bem provável que a criança vata-pitta siga as regras. Ela assumirá riscos calculados, mas não vai querer fazer nada que pegue mal para si ou a leve a ter de reconquistar a confiança de alguém. No esforço para serem aceitos, vata-pittas tendem a ceder à pressão dos colegas. Eles podem sentir que essa atitude vai contra seu instinto natural (mesmo quando crianças, isso causará uma reação visceral), mas ainda não tiveram experiência de vida suficiente para saber que se encaixar nem sempre é favorável, portanto, cedem à pressão mesmo assim.

Na sala de aula, vata-pittas buscam oportunidades de se enturmarem e corresponderem às expectativas alheias. Eles podem ganhar o título de queridinho do professor, o que não é necessariamente intencional, mas cair nas graças do professor os faz sentir validados e seguros. Vata-pittas acham importante entregar os trabalhos escolares no prazo e serem os primeiros da turma, ou estar entre eles. Aprendem rápido como os vatas e têm bom intelecto como os pittas, mas nem sempre é fácil tirar notas boas. Como tal, pressionam-se demais e dão duro para tirar boas notas, na dupla tentativa de construir a própria segurança e confiança e deixar a família orgulhosa. Isso pode levar esse dosha a sofrer de séria ansiedade antes de provas, dificultando o foco durante os exames e facilitando os "chutes" nas respostas.

Na vida familiar, a criança vata-pitta é a boa samaritana, sempre tentando se comportar da melhor maneira possível para evitar se meter em encrencas. Seus pais a conhecem como a criança que faz as tarefas com pouca ou nenhuma resistência, mas seus irmãos podem vê-la como dedo-duro. Essa criança gosta de ter a aprovação dos pais, e se para isso precisa dedurar a irmã por sair às escondidas após o horário permitido ou por andar com uma turma com quem não deveria andar, ela vai dedurar. Claro, vata-pittas também adorariam ter a aprovação dos irmãos, mas valorizam ainda mais a equidade e a validação que obtém dos pais, portanto, entregar um irmão (o que pode fazer com que ganhem ponto com os pais) é relativamente fácil para eles.

Embora haja aspectos positivos em seguir regras e lutar por equidade, uma criança vata-pitta que não tenha nenhuma experiência em ceder ou quebrar regras ao longo da infância pode perceber certos impactos negativos dessa virtude ao passar para a fase adulta — ela pode ter tanto medo de cometer erros ou quebrar regras que nunca questiona a autoridade o suficiente para desenvolver seu próprio sistema de crenças. A infância é uma época crucial para aprender com os erros, e entender isso pode ser saudável para questionar a autoridade, uma vez que os riscos e as consequências de se meter em problemas na infância são, via de regra, menos sérios, e é nessa etapa que se desenvolvem muitos de nossos valores mais importantes. Uma criança vata-pitta que tem medo excessivo de desafiar algo pode limitar, sem querer, o desenvolvimento de suas próprias ideias e crenças.

Vata-pittas como Adultos, como Modelos a Seguir e como Pais/Mães

Vata-pittas ficam empolgados para chegar à fase adulta e ao universo de novas oportunidades e experiências à frente. Eles têm sonhos e ideias que querem conquistar, e se formar e sair da casa dos pais tem um gostinho de novo começo. Eles podem ser quem quiserem, contanto que estejam dispostos a seguir seu coração e não as expectativas da família. Contudo, se ainda não tiverem acabado com a necessidade de validação pelo sucesso ou pela aprovação alheia, eles podem se pegar tentando agradar aos pais ou tentando seguir os passos que a sociedade decidiu que têm valor: formar-se na faculdade, arrumar emprego, casar-se, comprar uma casa, ter um filho. Agora ou nunca, o vata-pitta precisa desbancar a ideia de que sua felicidade está atrelada às próprias vitórias ou ao que a sociedade diz que os faria felizes e abraçar a ideia de que sua grande realização de vida está no caminho que eles mesmos escolhem.

Na função de pai/mãe ou responsável, esse dosha integra ativamente à vida dos filhos coisas que ele mesmo valorizava na sua educação e na sua etapa de vida atual. Ao mesmo tempo, vattas-pittas confiarão mais em especialistas do que nas próprias experiências ao decidirem o que é melhor. Se ouvirem falar que leite é bom para crianças em fase de crescimento, vão querer que seus filhos o bebam, mesmo que eles próprios não sejam lá muito fãs desse alimento. O medo e a incerteza, que sabemos que fazem parte da vida dos vata-pittas, podem estar presentes em cada decisão que tomam como pai ou mãe. Proteção e segurança sempre vêm em primeiro lugar. Não é um lema ruim, mas é essencial não colocarem os filhos numa bolha porque, se crianças são superprotegidas, suas oportunidades serão limitadas. Ao entenderem o valor de sua própria rotina, eles estabelecerão uma estrutura saudável para a família — não é do feitio de um vata-pitta esquecer a diversão, ainda que com hora marcada.

DENTRO DA MENTE VATA-PITTA

Fui uma criança batalhadora e ambiciosa, mas me lembro de que parte disso era motivada por um desejo de agradar aos outros.

Na escola, meu desejo de ser aceito pelos colegas e professores era forte. Fui um(a) aluno(a) exemplar e queridinho(a) do professor, por assim dizer.

Como pai/mãe ou responsável, percebo que tenho minhas próprias inseguranças. Isso fica evidente porque sou um pouco exagerado(a) quando se trata de cuidados de segurança ou de tomar providências extras a fim de garantir que meu filho se enturme.

Sou uma mistura de subserviência e preocupação entre familiares e irmãos. Na família, muitas vezes sou eu quem faz todas as perguntas para garantir que está tudo em ordem: "A que horas sai seu voo?"; "Você pegou a escova de dentes?"; "Quem vai buscar você no aeroporto?". Também sou aquele que acaba assumindo demandas demais porque não consigo dizer não, por medo de alguém ficar chateado comigo.

Pitta-Kaphas como Crianças e como Estudantes

Crianças pitta-kapha parecem nascer com uma bússola moral própria. Podem ficar contentes sozinhas, descobrindo a felicidade de aprender e explorar à sua maneira. Elas pegam um livro, um kit de química ou um quebra-cabeças e se divertem durante horas. São introspectivas e inquisitivas, mesmo assim costumam ser quietas. Ao contrário da criança vata falante ou da curiosa pitta, que respondem "Por quê?" a cada afirmação que você faz, a pitta-kapha pergunta "Por quê?" a si mesma e busca a resposta por conta própria. Apesar de por fora parecer tranquila, por dentro a criança pitta-kapha é uma rebelde enrustida. Desde bem pequena, as necessidades e os valores dela são inabaláveis. Quando confrontada pelos pais autoritários ou por um irmão irritante, ela pode agir com teimosia. Com exceção desses momentos de afronta, são crianças bem-comportadas, que respeitam autoridades, calmas e reservadas. E, definitivamente, são responsáveis. Fazem o dever de casa, praticam o instrumento musical e se oferecem para assumir responsabilidades quando o pai ou a mãe está doente ou indisponível física e emocionalmente.

> **EQUILIBRANDO O PITTA-KAPHA**
>
> Você já se percebeu assumindo funções extras como cuidador(a) de familiares além de seus próprios filhos? Elabore um critério para seguir ao decidir dizer sim ou não a outras responsabilidades familiares, para que possa continuar ajudando sem sacrificar seu autocuidado.

Estudantes pitta-kapha têm um método estável de aprendizagem. Por fora, pode parecer que aprendem devagar, mas, na realidade, são metódicos e meticulosos. Aprendem facilmente os conceitos mas também gostam de ruminar informações para fixá-las, a fim de que possam dominar temas que atiçam suas paixões. Notas altas não têm importância especial para eles; elas são apenas consequência de seu estudo intenso. A autoconfiança do pitta-kapha vem de dentro, não da nota de uma prova.

Na parte mais social da escola, pitta-kaphas se dão bem com os colegas, mas preferem ter poucos amigos íntimos. Ao mesmo tempo, seu coração de leão indica que os pitta-kaphas serão os primeiros a defender qualquer pessoa do valentão do parquinho. Vendo os benefícios na equidade e na justiça, eles têm dificuldade para se isentarem quando alguém está sendo maltratado e demonstrarão ser mais maduros para a idade que têm ao resolver o problema.

Pitta-Kaphas como Adultos, como Modelos a Seguir e como Pais/Mães

Pitta-kaphas processam as coisas internamente e em geral não externam as emoções, portanto, alimentar a capacidade deles de confiar nas outras pessoas e de expressar emoções ao longo da infância refletirá na maneira como eles se sairão quando adultos. Se quando crianças eles são fechados e não são incentivados para falar sobre o que pensam ou sentem, talvez adotem o hábito de guardar as coisas e acumular emoções. Esse dosha, composto de fogo, água e terra, vai explodir como um vulcão se não soltar o que estiver incomodando. Quando isso acontece, o que se vê é a típica paciência se transformar em uma raiva característica. Ao contrário do pitta puro, eles percebem que são responsáveis pelos próprios sentimentos e qualquer tipo de explosão que possa acontecer. Eles também têm consciência de que a tensão interna surge se suas necessidades não são atendidas, como ter silêncio suficiente e tempo para si (e eles precisam disso em grande quantidade!). Assim, o cenário está pronto para ataques de raiva, explosões e ressentimentos. Pitta-kaphas confiam em si mesmos, mas podem achar difícil dar abertura a outras pessoas. Se na infância eles não conhecem a evidência necessária que prova que é possível se sentir seguro em relacionamentos, será difícil construir amizades duradouras ou pedir ajuda quando adultos — e eles tomarão todos os cuidados antes de sentir que podem confiar ou contar com você.

OS DOSHAS INTROVERTIDOS E OS EXTROVERTIDOS

Do falante vata ao pitta-kapha mais reservado, seria possível presumir que alguns doshas são mais introvertidos ou extrovertidos do que outros. Isso depende de seu estado de equilíbrio, mas, em geral, vatas, vata-pittas, pittas (embora precisem de motivação interna) e vata-kaphas são nossos doshas mais externos. Eles se sentem energizados pelas interações com outras pessoas, gostam da atenção alheia, buscam validação dos outros ou, basicamente, apenas expressam de maneira mais explícita seus pensamentos ou suas emoções. Pitta-kaphas e kaphas são mais internos; eles provavelmente retêm as emoções, passam um tempo sozinhos, encontram validação interna e processam experiências e problemas na própria mente, não com os outros. Embora essas tendências existam, elas são apenas uma pista no processo para saber qual é o seu dosha. Não exclua um dosha cem por cento porque você é introvertido ou extrovertido.

O pai/a mãe pitta-kapha é adepto(a) da criação de um ambiente estável e incentivador para os filhos. Eles reconhecerão as necessidades exclusivas de cada criança, promoverão suas habilidades e seus interesses e empregarão gentilmente regras e limites, puramente para o bem-estar dos filhos. Pitta-kaphas são pacientes e acolhedores, mas sua forma de agir como pai ou mãe pode ser mais complicada do que seria a de um kapha puro. Eles são conhecidos por não expressar emoções ou fazer muitos elogios e incentivos verbais, logo, vez ou outra, é preciso interpretar o amor deles. Embora o pai ou a mãe pitta-kapha possa ter de praticar como expressar seu amor, especialmente se o filho vata ou vata-pitta precisar desse tipo de estímulo, filhos de pitta-kaphas têm certeza de que são amados quando veem os pais comparecendo em todos os jogos de futebol, consertando seus aparelhos quebrados, ficando acordados até tarde ajudando-os a terminar projetos escolares, preparando-lhes sua refeição favorita após um dia difícil ou deixando-os passar mais tempo com os amigos. O pai/a mãe pitta-kapha está sempre por perto quando se precisa deles, mesmo que não se tenha certeza dessa necessidade.

DENTRO DA MENTE PITTA-KAPHA

Quando criança, eu era muito parecido com A Pequena Locomotiva[1]. *Desde bem pequeno, eu era estável, focado, determinado e calmo, a menos que alguém me pressionasse muito quando eu já estava tentando dar o meu melhor ou em situações desconfortáveis.*

No quesito escola, tirar boas notas era importante para mim, mas meu comprometimento principal era com as disciplinas que mais me interessavam. Eu era capaz de estudá-las, feliz, por horas a fio, mas as outras coisas pareciam fazer muito menos sentido.

Como pai/mãe ou responsável, sou confiável e paciente.

---

[1] Animação inspirada em um conto em que a locomotiva do título precisa sair de Dreamland ("Terra dos Sonhos", em tradução livre) para o mundo "real" e entregar vários brinquedos a tempo. Por terem de passar por uma montanha perigosa, vários veículos muito mais possantes recusaram a missão; porém, a locomotiva descobre que, com coragem e determinação (e repetindo para si mesma a frase "Eu consigo, eu consigo!"), é possível cumpri-la. (N. da T.)

Embora eu dê orientações adequadas aos meus filhos, também lhes dou independência para levar a vida por conta própria. Apenas quando eles abusam dessa liberdade ou extrapolam os limites é que sinto o sangue subir.

Muitas vezes sou reservado e não me envolvo demais em assuntos de família. Contudo, apesar de guardar para mim meus próprios pensamentos, sentimentos e problemas internos, meus entes queridos sabem que podem contar comigo para apoiá-los no que precisarem.

Vata-Kapha

Vata-Kaphas como Crianças e como Estudantes

Os doshas ayurvédicos sugerem que, no que concerne a nossos traços de personalidade dominantes, a natureza se sobrepõe à educação, mas, com a presença de quatro dos cinco elementos nos vata-kaphas — e, na esmagadora maioria, os mais fluidos e maleáveis —, é concebível pensar que sua educação pode ter mais influência sobre os atributos que se tornam dominantes. Isso gera espaço para o debate sobre como devemos caracterizar uma criança vata-kapha, mas uma característica é certa: mesmo quando bem novas, elas valorizam o companheirismo e querem dar apoio. Crianças vata-kapha preferem ficar na arquibancada assistindo ao jogo de basquete do amigo (e depois mimá-lo com a refeição favorita dele) a participar do esporte. Seu envolvimento na vida de amigos e familiares vem antes dos acontecimentos em seu próprio mundo.

É maravilhoso ter um filho que incentiva outras pessoas, mas parte da infância é experimentar coisas diferentes para descobrir áreas e interesses que você ama. Se perderem isso, vata-kaphas podem não saber ao certo qual carreira querem seguir mais tarde, quando adultos. Eles também podem sentir que não têm um conjunto de valores, de comunidade ou de identidade próprios, mas compartilhados e moldados por outras pessoas.

Como estudantes, vata-kaphas se sobressaem quando o ambiente é favorável a eles — cheios de temas interessantes, com apoio adequado de professores e colegas e com ênfase na diversão. Enquanto a maioria desses componentes-chave estiver presente, vata-kaphas vão encontrar seu ritmo. Entretanto, se começarem a sentir pressão, falta de conexão ou indiferença em relação aos projetos atribuídos a eles, vão perder o ímpeto. Uma das melhores coisas que um professor pode fazer por um aluno vata-kapha é inspirá-lo a descobrir o que o deixa mais feliz, para que, quando adulto, ele saiba como encontrar plenitude dentro de si.

EQUILIBRANDO O VATA-KAPHA

Ao longo da vida, você se cercou deliberadamente de pessoas com uma mentalidade parecida com a sua ou as pessoas à sua volta moldaram seus interesses e valores? Pense em alguém que durante a infância e a fase adulta foi uma influência forte em sua vida. Em que você e essa pessoa se assemelham e quais características o diferenciam dela?

Vata-kaphas como Adultos, como Modelos a Seguir e como Pais/Mães

Enquanto estiverem cercados de pessoas felizes e sentirem que podem apoiar os outros, vata-kaphas conseguirão encontrar alegria em tudo o que fazem. A descrição de seu cargo não é tão importante quanto todos os benefícios e bônus que vêm junto com ele. Há vários motivos pelos quais isso é bom e faz bem, mas pode se tornar um problema se os vata-kaphas não conseguirem traçar uma carreira ou começarem a imaginar quais hobbies ou interesses eles gostariam de ter. Lembre-se de que esse dosha não tem fogo, de onde vêm o direcionamento e a paixão. Dada a ausência desse elemento, muitas vezes eles recorrem a outras pessoas como inspiração. Isso os atende bem, mas pode ser um problema se os fizer perder a própria direção ou identidade.

Por usarem com orgulho o distintivo do incentivador, muitas coisas a respeito de guarda ou parentalidade acontecem naturalmente para os vata-kaphas. Eles estimulam os filhos, estão sempre dispostos a oferecer uma mão amiga e mergulham no sucesso de suas crias. No entanto, voltando à escassez de fogo em sua constituição, vemos seu ponto fraco: a incapacidade de disciplinar. Para eles, é fácil seguir o fluxo, mas pode ser desafiador ter estrutura, dizer não a um filho ou defender sua posição como pai/mãe. É a coisa mais fácil do mundo essa constituição agir mais como amigo do que como pai/mãe, e o filho, por sua vez, assume o comando. Vatas têm predisposição similar, mas a deles está relacionada à incapacidade de manter a estrutura; vata-kaphas podem manter a estrutura e cuidar, mas não têm o fogo para liderar.

DENTRO DA MENTE VATA-KAPHA

Em geral, eu era do tipo de criança "deixa a vida me levar". Desde que eu tivesse a orientação de um amigo, pai/mãe, irmão ou professor, estava contente. Eu só me sentiria ansioso ou triste se me deixassem sozinho ou excluído.

A escola me dava uma sensação de pertencimento de que eu gostava. Na verdade, era das relações sociais que eu gostava mais.

Por adorar apoiar os outros, assumi com facilidade o papel de pai/mãe em minha vida. Mesmo que cuidar de crianças seja instintivo, posso ter dificuldades com a estrutura e a disciplina.

Sou o melhor amigo de meus filhos, pais e irmãos. Vou a qualquer lugar e faço qualquer coisa por eles. Estou disponível para ajudá-los e apoiá-los sempre que necessário. Ao mesmo tempo, via de regra, eu não os procuro da mesma maneira, e por mim tudo bem.

O UNICÓRNIO TRIDOSHA NA VIDA

Tridoshas são adaptáveis, e ter todos os elementos representados em sua constituição significa que eles podem se acomodar a todas as fases da vida. Quando crianças, eles se interessam e desenvolvem habilidades por qualquer tema a que são expostos. Embora seja possível dizer que a educação é importante para qualquer pessoa se desenvolver e para o caminho que ela mais tarde toma na vida, isso vale principalmente para os tridoshas. Conforme abordado no capítulo 9, a criação tem importância igual ou superior à natureza na vida do tridosha. Como todas as coisas parecem ser do interesse deles, provavelmente eles terão afinidade com qualquer coisa em que se concentrarem. Ao mesmo tempo, esse fenômeno da criação pode indicar que eles não têm a chance de decidir qual é sua maior paixão e, como o fogo está presente neles, mas pode ser amenizado pelo ar, pela água ou pela terra, talvez os tridoshas não possuam o ímpeto de perseguir uma ideia que eles já tenham.

Em relação à adaptabilidade presente na infância do tridosha, eles fazem ajustes no comportamento de acordo com sua família e os doshas predominantes nela. Mas, ao contrário da infância, nem sempre se trata do que está sendo nutrido, e o dosha de seus filhos e parceiro(a) pode exigir que eles façam adaptações ao que é necessário – desde que eles mesmos estejam em um estado de equilíbrio. O pai/a mãe ou o cônjuge tridosha acha fácil ajudar a aterrar o vata, acalmar o pitta e animar o kapha. E eles não têm dificuldade para compartilhar genuinamente interesses com seus familiares, pois ter todos os elementos como parte da própria constituição os deixa completos.

CAPÍTULO 11

Os Doshas no Trabalho

Acredito que haveria maior satisfação no trabalho, menos queixas no RH e menos dança das cadeiras entre funcionários se todos nós soubéssemos nossos doshas ayurvédicos e tivéssemos que colocá-los no currículo. Você já aprendeu que sua constituição inerente diz muito sobre sua maneira de gerenciar o estresse, o que lhe deixa motivado e onde suas potenciais armadilhas podem estar escondidas. Se você colocar em prática essas características na sua carreira e no seu modo de trabalhar, ficará muito mais fácil enxergar os fatores que geram obstáculos e os que lhe permitem prosperar na vida profissional. Usar seu dosha para progredir na vida profissional não se limita a entender quais tipos de carreira são mais adequados a você, embora sabê-lo o ajude nisso se necessário — conhecer seu dosha também é saber como você é como funcionário, colega de trabalho e chefe, bem como os motivos pelos quais aparentemente se dá bem com certas pessoas no ambiente de trabalho enquanto outras tendem a ser uma pedra no sapato.

Nunca devemos confiar somente no dosha (e em nenhum teste de personalidade) para saber do que gostamos ou o que fazemos bem, mas podemos recorrer a ele como auxílio para compreender os aspectos de um trabalho que pode ser mais gratificante e onde podemos encontrar fontes de tensão. É importante salientar que qualquer dosha pode escolher qualquer carreira e ter sucesso, mas o dosha de uma pessoa pode ter forte influência sobre a área profissional geral (por ex., medicina, direito, negócios, educação, artes), bem como sobre a especialização (por ex., cardiologia, direito de família, diretor de marketing, professor de ensino médio, curador de museu). Por exemplo, consideramos os vatas famosos pela criatividade, mas eles não são os únicos a dar vida a funções criativas. Um vata criativo pode criar pinturas abstratas, livres de formas. Um pitta criativo pode ser um designer de interiores que prefere traços limpos e simetria. E um kapha criativo pode usar as mãos para fazer objetos de cerâmica, pães ou móveis. É mais provável vermos vatas como artistas, mas qualquer dosha pode trabalhar nesse ramo. Pittas, com sua tendência para a organização, atuam em funções de curadoria de arte; e kaphas, que adoram cuidar e ver os outros brilharem, estudam para ser professores de arte.

O conteúdo do trabalho claramente se identificará com seu dosha, mas não podemos ignorar o contexto. Escolhemos um trabalho por "n" motivos, e fatores como colegas simpáticos, horários flexíveis, salário, possibilidade de trabalhar de casa, foco no bem-estar ou equilíbrio entre vida e trabalho podem refletir as necessidades de um dosha específico.

Mesmo que, nesse momento, você não esteja cem por cento certo de qual é seu dosha, achará útil o conteúdo deste capítulo. Lembre-se dos padrões que você observou na sua vida profissional, talvez você se enxergue em alguns dos exemplos. Ouvir sua mente e seu corpo enquanto vivencia trabalhos diferentes é importante para o *dharma*, ou propósito de vida ou, ainda, caminho intencional. Ao viver seu dharma, você está alinhado com sua missão de vida — que é influenciada por seu dosha. Esse alinhamento pode ser restaurador e ajudar a facilitar o equilíbrio, assim como desconhecer seu propósito pode fazê-lo se sentir desequilibrado.

Para além de seu dosha, considere seus funcionários, colegas e clientes enquanto faz a leitura. Entender melhor as outras pessoas fará mais que melhorar suas habilidades de atendimento ao cliente — isso pode revelar pontos cegos na maneira como você lida com as pessoas ou com os projetos, levar a melhores estratégias de marketing, ajudá-lo a definir a cultura de sua empresa, criar um ambiente de trabalho mais saudável etc. Tente usar as informações que você aprendeu dos doshas para entender melhor o que poderia torná-lo atraente para um chefe ou para um funcionário e o que os afastaria.

Por fim, se você tiver certeza de qual é seu dosha, extrairá o máximo deste capítulo se continuar sendo honesto consigo mesmo sobre o que o atrapalha no trabalho, onde você se destaca e por quê, se sua carreira é sua paixão ou se a escolheu com base em pressões externas, e como essas informações poderiam ajudá-lo a refinar ou redirecionar sua carreira. Estar em um ambiente de trabalho mais adequado é tão importante para manter a saúde física e mental quanto se alimentar direito e fazer exercícios.

Vamos começar com outro questionário — ou algo assim. Que tal algo mais eficaz do que o questionário sobre carreira que você fez quando criança? As perguntas e as sugestões a seguir ajudarão você a descobrir alguns hábitos, padrões e pontos fortes em sua vida profissional. Refletir sobre essas coisas é mais uma forma de se identificar com seu dosha e abrir os olhos para potenciais oportunidades de crescimento — abrindo caminho para uma carreira gratificante e uma vida saudável.

1. Visualize seu dia de trabalho ideal. Preencha todos os detalhes, como horas trabalhadas, quem são seus colegas, como é o ambiente de trabalho, até mesmo suas roupas. Repare em como as motivações, os medos, os pontos fortes e os desafios de seu dosha atuam no seu dia dos sonhos.
2. Qual era (ou é) seu trabalho favorito? E o menos favorito? Comparando os dois, decifre quais são os denominadores comuns em termos de trabalho gratificante para você. Leve em conta fatores como pessoas, salário, horários e ambiente.

3. Quem são as pessoas com quem você adora trabalhar e ter parceria? Com quem você tem dificuldade para trabalhar? Qual é a relação profissional dessa pessoa com você (colega, chefe, subordinado direto)? A função dela impacta em como vocês se saem trabalhando juntos?

Vata

Além de liberdade e mudança, vatas amam criatividade. Claro, o trabalho deles precisa conter esses atributos para que experienciem a verdadeira satisfação profissional, portanto, eles se dão bem em funções criativas, posições que exijam viagens frequentes e cargos que tenham alguma coisa diferente dia sim, dia não — e sem um pingo de monotonia. Encontramos vatas artistas, dançarinos, estilistas, guias turísticos e seguranças em muitos empregos de meio-período. Esse dosha pode ser bastante simpático, extrovertido e falante, por isso ele tem sucesso quando faz *networking*, entretém clientes ou participa de projetos. O lado ruim é que vatas costumam ter a taxa mais alta de rotatividade de empregos. O ar em sua constituição os faz ficar ansiosos e pedir demissão em busca do novo melhor emprego quando o período inicial de treinamento acaba e chega a hora de pôr a mão na massa. Essa busca por estímulos pode acontecer em qualquer trabalho, mesmo em um que tenha bastante variabilidade.

Todos os dias funcionários vata colocam em prática sua rapidez, adaptabilidade e amor por novas experiências no ambiente de trabalho. Esse dosha aéreo tem uma leveza que lhe permite ignorar discórdias que fariam outros doshas ficarem com raiva ou guardarem rancor. Mesmo sendo ótimos candidatos a cargos que demandam pensamento rápido, muitas articulações e *brainstorming* de novas ideias, pode haver dificuldade quando essas qualidades se acumulam. Eles podem perder facilmente o foco, ficar desorganizados e ter mais ideias do que capacidade de concentração e persistência/energia para implementá-las. Vatas também podem achar difícil chegar no trabalho no horário certo e cumprir prazos porque muitas coisas que os atormentam no trabalho também são problemáticas em casa, como se ater à rotina e se distrair com facilidade.

Quem é vata não costuma almejar um cargo executivo, uma vez que isso significaria se manter em um único emprego ou carreira durante um período considerável de tempo. Eles valorizam mais ter múltiplas experiências e preferem não ter as pressões e responsabilidades oriundas do comando de uma empresa ou de uma função de liderança. Mesmo assim, eles podem conquistar posições de liderança, como pela criação de um produto que bomba no mercado, mesmo que não tenha sido a intenção inicial. Quando chegam no topo, haverá algumas coisas que eles terão de manter sob controle, principalmente a resistência à rotina e a suscetibilidade à incerteza. A tendência do vata de evitar estruturas pode interferir em sua habilidade de dar direções claras, e sua falta de confiança pode gerar dificuldade na tomada de decisões. Todos esses fatores podem limitar sua habilidade de ser um bom líder e de se sentir equilibrado nessa função.

EQUILIBRANDO O VATA

Pense em um trabalho do qual você saiu rápido ou em um projeto recente que você iniciou mas ainda não finalizou. O que o impediu de dar continuidade? A partir de agora, como você pode entender quais projetos e trabalhos realmente valem a pena o esforço e o que poderia ajudá-lo a ficar mais comprometido e focado até poder vê-los gerar frutos?

Enquanto estabelecer parceria com um vata será uma experiência repleta de criatividade e empolgação, parcerias profissionais podem ser difíceis, sobretudo para certos doshas. A melhor opção é um pitta-kapha ou um kapha, que terá paciência, direcionamento e estabilidade para ajudar a manter o vata nos eixos quando sua natureza aérea começar a extrair o melhor dele. Em geral, pittas e vatas não são uma boa combinação profissional, já que o pitta rapidamente se prejudica pelas qualidades etéreas do vata — pittas têm dificuldade para entender por que os vatas não conseguem se concentrar, tomar decisões ou finalizar coisas em tempo hábil (imagine o vata abanando as chamas do pitta). Vatas podem gostar de trabalhar uns com os outros, descobrindo que as qualidades expansivas do outro são inspiradoras, mas finalizar tarefas será difícil com tanto ar e tão pouco fogo e terra. E uma conexão vata + vata-kapha também terá aspectos positivos e negativos. Os dois vão trabalhar juntos e se dar bem, mas, sem o componente fogo nessa parceria, eles precisarão de muito direcionamento e motivação externas para ver algum projeto render frutos.

DENTRO DA MENTE VATA

Firmar-se em uma única carreira parece limitante.

Preciso de um trabalho estimulante, criativo e com uma cara diferente todos os dias. Sem alguns ou todos esses elementos, fico entediado, tenho problema para me concentrar e fico ansioso para encontrar um novo emprego que pareça mais gratificante.

Adoro trabalhar com outras pessoas. Isso mantém as coisas animadas, além de eu poder tirar de mim um pouco da pressão relacionada a responsabilidades e desempenho.

Ser promovido, galgar os degraus corporativos e receber aumento salarial têm menos importância do que as experiências que posso ter no trabalho.

Não necessariamente almejo ser chefe ou gerente. Tomar decisões e liderar outras pessoas não é meu ponto forte.

Pitta

Pittas são conhecidos por sua paixão e produtividade — e sua paixão pela produtividade. Não é justo rotulá-los de *workaholics* ou perfeccionistas, já que esses termos têm um tom negativo, mas, como ponto fraco, esse dosha é o que mais tende a resvalar nessa direção. Quando têm um objetivo — e, acredite, eles têm muitos —, eles o perseguem com fervor. Essa característica é um dos principais motivos pelos quais encontramos pittas em cargos executivos ou carreiras que exijam educação formal mais especializada. Eles miram alto e não deixam nada atravancar seu caminho, considerando as realizações um de seus valores centrais. De maneira secundária, vemos pittas em funções de liderança ou com mais autoridade porque eles são o dosha mais autocentrado. Eles se sentem mais à vontade quando lideram ou implementam as próprias ideias, e a sensação de controle os deixa confortáveis.

Pittas se sentirão mais completos em carreiras que ofereçam lógica, desafio, autonomia, estrutura e previsibilidade. Eles buscam cargos que permitam a possibilidade de progresso (por meio de promoção e educação contínua) e vão atrás de trabalhos que tenham recompensa financeira e alto *status* social. Você os verá sendo médicos, advogados, professores universitários, CEOs, empreendedores, gerentes e contadores.

EQUILIBRANDO O PITTA

Pense em um projeto, programa ou apresentação que você fez no passado e não se saiu tão bem como esperava. Que tipo de emoção você sentiu? Ela teve a ver com o *feedback* recebido de outras pessoas? Agora, pense em um projeto futuro que você está se preparando para lançar. Como ele será recebido? Como seria ficar confortável com qualquer possibilidade de *feedback* - potenciais elogios e avaliaçoes negativas?

Há uma forte possibilidade de seu chefe ser um pitta, ou, se você mesmo for o mandachuva, de haver fogo correndo em suas veias. Pittas se sentem à vontade na sala da ponta, e isso é ótimo, porque eles foram feitos para a função. Contudo, mesmo nossas qualidades mais brilhantes podem pesar o clima se forem excessivas. Fechar-se a ideias e contribuições de outros criará um ambiente dividido e desencorajará a colaboração da equipe e de colegas de trabalho. Pittas têm opinião forte sobre como as coisas devem funcionar — e provavelmente isso se baseia em experiências ou pesquisas válidas —, mas funcionários querem ser ouvidos e podem se sentir desvalorizados se seu chefe pitta não arrumar tempo para incluí-los no processo nem ouvir o que eles têm a dizer. Também é importante que os pittas se lembrem de que sua paixão e confiança, ainda que importantes em bons líderes, podem ser vistas como intimidantes. Logo, é crucial que eles mantenham contato com sua disposição para vulnerabilidade. Demonstrar fraqueza ou assumir erros pode torná-los mais confiáveis. Além do mais, sua equipe gosta de saber que eles são humanos.

Na mesma linha, é natural que eles tenham expectativas altas para si mesmos, mas é preciso que percebam que essas expectativas podem estar fora de alcance para outros. Sim, pittas querem que seus funcionários façam um trabalho excepcional, mas é necessário que eles definam padrões que todos consigam cumprir. E, mesmo sendo muito duros consigo mesmos quando pensam que poderiam ter feito mais ou melhor, é importante que os pittas se certifiquem de que outras pessoas saibam que eles são gratos a elas e lhes deem o merecido reconhecimento. Se eles esperam para elogiar as pessoas até que elas atendam (ou superem) as expectativas, alguns dos funcionários mais esforçados já terão se candidatado e aceitado outro emprego e os pittas perderão a chance.

Como pittas têm muita motivação independentemente de sua posição profissional, esse tipo cheio de fogo provavelmente será o membro mais motivado da equipe. Pittas são ávidos para dar seu melhor e provar seu valor — mesmo que estejam visando ocupar a cadeira do chefe. Porém, quando estão dispostos a obter isso a qualquer custo, pode ser um problema. A fome do pitta por sucesso pode deixá-lo suscetível a *burnouts* e levá-lo a relacionar, de maneira equivocada, seu valor à sua produtividade. Portanto, pittas devem prestar atenção a seus hábitos profissionais. Eles precisam saber quando parar, quando dizer não a projetos e quando dar a si mesmos sinal verde para descansar e se divertir. Pittas também devem ter consciência da diferença entre ser proativo e passar por cima de limites, como desafiar a liderança ou desconsiderar autoridades. É ótimo se manifestar e investir em ideias e progressos, mas mesmo os pittas devem começar de baixo e ir subindo aos poucos na carreira.

Ao trabalhar em conjunto com colegas de empresa, pittas devem tentar ter cautela. É provável que fiquem irritados com a desorganização do vata e impacientes com kaphas que demoram demais para terminar projetos ou falam muito devagar em reuniões. Não há nenhum dosha que seja páreo para a atenção aos detalhes ou para os altos padrões do pitta. Eles trabalham melhor com vatta-pittas ou pitta-kaphas, que têm pitta suficiente em sua constituição para entender as motivações de pitta, mas não fogo demais, o que os levaria a desafiar a liderança do pitta. Contudo, independentemente dos doshas de seus funcionários, pittas devem confiar que a estrutura trazida por eles ao ambiente de trabalho ajudará a manter a equipe nos eixos sem que eles tenham de ficar gerenciando coisas pequenas ou assumindo todas as responsabilidades. Outras pessoas contribuirão e chegarão ao produto final à própria maneira.

DENTRO DA MENTE PITTA

Minha carreira é parte de minha identidade. Muitas vezes o trabalho tem prioridade sobre outras áreas da minha vida.

É essencial que a carreira escolhida por mim envolva desafios e solução de problemas, e que minha posição inclua cursos e tenha espaço para promoções e crescimento.

Consigo trabalhar com outras pessoas, mas prefiro trabalhar sozinho. Acredito que, para fazer o trabalho de forma adequada, é preciso fazê-lo por conta própria.

Não quero apenas fazer o melhor no trabalho, também quero ser o melhor na minha área de atuação.

Estar em um cargo executivo ou numa função de liderança, gerência ou orientação me dá uma sensação de muito conforto e naturalidade. As pessoas dizem que tenho espírito empreendedor, e tendo a concordar com isso.

DOSHAS E O MUNDO DIGITAL

Tecnologias, mídias digitais e dispositivos chegaram em nossa vida para ficar. Não se espera que essas coisas desapareçam, mas isso não quer dizer que todos os doshas as aprovam, entendam ou se sintam à vontade ao usá-las. Aqui está uma breve percepção de como os doshas se acostumaram a viver na era digital:

VATA	Dispositivos e mídias digitais são bons como distrações no meio do dia, mas vatas não sabem mexer nem na metade das funcionalidades de seus aparelhos porque só têm concentração para aprender as coisas que eles acham que vão usar mais.
PITTA	Se tecnologia é sinônimo de evolução e progresso (muitas vezes, os dois andam de mãos dadas), então, que venham. Espere que esse dosha tenha o modelo mais novo de *smartphone* e saiba particularidades dos aplicativos mais recentes.
KAPHA	A tecnologia faz parte do mundo em mudança, mas este não é o mundo em que os kaphas vivem. Muito semelhante ao estereótipo do idoso que não descobre como ligar o *laptop* ou fazer *upload* de um arquivo, o kapha tem aversão a aprender como usar dispositivos e novas tecnologias.

VATA--PITTA	A mente do vata-pitta é meio como as novas tecnologias: pensa rápido e resolve problemas. Espere que esse dosha entenda rápido as tecnologias e seja adaptável ao integrar novos aplicativos, mas também que duvide do nível de suas próprias habilidades e se preocupe com o que vai acontecer se esses aplicativos pifarem.
PITTA--KAPHA	Esse dosha vai se adaptar ao mundo digital e ao uso de dispositivos, é só não forçá-lo a isso. Certifique-se de dar tempo para que ele pesquise qual dispositivo será o melhor e para que leia o manual de instruções a fim de entender todos os prós e contras.
VATA--KAPHA	Se todo mundo está dentro, conte com esse dosha também. Ele vai utilizar a tecnologia e os dispositivos principalmente para se conectar com outras pessoas.

Kapha

Embora os kaphas prefiram viver com conforto e tranquilidade absolutos, na carreira eles são inabaláveis. Com predominância dos elementos água e terra, eles serão dedicados ao trabalho, frequentemente permanecem em um cargo ou uma empresa por muitos anos durante toda a vida profissional. Isso se deve em parte à lealdade ao patrão, à equipe e aos clientes, mas também porque eles consideram mudanças desconfortáveis. Além do mais, muitas vezes eles entram em um emprego pensando no longo prazo, ao contrário dos vatas, que só planejam a curto prazo, ou dos pittas, que veem cada emprego como um degrau na escada corporativa. Suas famosas qualidades cuidadoras fazem com que os kaphas se sintam atraídos por trabalhos assistenciais; sua estrutura forte os torna bons candidatos a trabalhos que envolvam esforço manual; e, com sua preferência pela solitude ou por grupos pequenos, eles são atraídos por funções de cenários mais intimistas nas quais desenvolvem proximidade por meio de interações — como sua recepcionista favorita, que se lembra dos nomes e das idades de seus filhos. Para os kaphas, um emprego deve permitir que eles trabalhem no próprio ritmo e envolva direção e liderança efetivas. Ademais, uma boa aposentadoria também não faz mal. Se você conhece um assistente social, professor, funcionário de ONG ou um cuidador ou pai/mãe em tempo integral, provavelmente essa pessoa tem bastante kapha em sua constituição.

Kaphas não buscam cargos de gerência por desejarem liderança e realizações como os pittas, mas sua longevidade e dedicação à empresa podem fazê-los conquistar uma dessas posições. Eles permanecem nas empresas nos bons e nos maus momentos, aumentando suas chances de promoção apenas pela estabilidade. Se seu chefe é um kapha, é provável que você se dê bem com ele, sinta que suas ideias são ouvidas e não perceba o peso da hierarquia acima de sua cabeça quando ele está por perto. Mesmo sendo seu superior, ele ainda quer ser seu amigo.

> **EQUILIBRANDO O KAPHA**
>
> Quais áreas de sua carreira ou de seu trabalho poderiam ser mais gratificantes se você fosse além dos limites do conforto, por exemplo, estivesse disposto a correr riscos, levantasse questões que podem ser conflitantes com pontos de vista alheios ou tivesse conversas mais desconfortáveis? Como ampliar sua zona de conforto poderia beneficiar você mesmo e outras pessoas?

Ao passo que isso deixa o ambiente de trabalho agradável, livre de conflitos, o que os kaphas preferem, pode ser que você não receba o *feedback* construtivo e o incentivo de que precisa para crescer profissionalmente. Kaphas gostam de manter a paz, mas, ao mesmo tempo, sua simpatia não os torna automaticamente influenciáveis. Seus limites ficam intactos; e eles conseguem se manter firmes quando desafiados. Talvez sua maior dificuldade seja aceitar a mudança, uma prova de que seus limites podem ser bons (quando ajudam a preservar energia e valores) ou ruins (quando limitam a expansão e geram estagnação). Seja um *rebranding*, um reposicionamento de funcionários ou uma mudança para um novo lugar, eles são os menos versados em adotar coisas novas.

Se as qualidades que você mais valoriza em um funcionário são confiabilidade e consistência, kaphas são a pedida certa. Não somente manterão estável a qualidade do trabalho como o farão com uma atitude tranquila. Superficialmente, isso parece ideal, quer você seja colega, quer seja gerente deles. Porém, por serem avessos a conflitos, talvez você não saiba o que eles realmente acham do trabalho. Eles não tendem a falar quando há um problema; pelo contrário, ficam quietos, afastados ou evitam interagir com pessoas que os deixam desconfortáveis. O que lhes traz estabilidade pode interferir quando o assunto é adaptabilidade. Portanto, se você está buscando um funcionário que possa mudar de função com facilidade e frequência — por exemplo, em uma *start-up*, como *bartender* ou no controle de tráfego aéreo —, kaphas são os últimos da lista.

Para que kaphas trabalhem bem com colegas ou sócios, essas pessoas precisam ter qualidades mais aéreas e de fogo do que eles. Caso contrário, a terra que proporciona ao kapha a tenacidade mental e física colocada nos projetos ficará pesada, levando o kapha a agir como a âncora que retém o projeto, não como as raízes que lhe permitem crescer. Levando isso em conta, kaphas trabalham melhor com pittas (contanto que eles não forcem demais!), vata-pittas e pitta-kaphas.

DENTRO DA MENTE KAPHA

Embora haja aspectos do meu emprego que são importantes, como ser confiável e útil aos outros, meu trabalho não é a característica mais significativa na minha vida.

Quero que meu emprego tenha conforto e segurança e que meu ambiente de trabalho seja tranquilo. Essas qualidades são mais essenciais que a descrição do cargo ou o trabalho que eu faço de fato.

Trabalhar com outras pessoas é divertido, mas prefiro trabalhar com um grupo pequeno ou com quem eu conheço.

Não sou competitivo e não tenho a intenção específica de ser promovido; no entanto, por ser confiável, bom em decidir caminhos e leal àqueles com quem trabalho, muitas vezes tenho novas oportunidades.

Consigo lidar com funções de liderança, mas, na verdade, gostaria de não ter as responsabilidades extras ou a pressão que novas funções podem trazer.

Vata-pitta

Vata-pittas têm a acuidade intelectual do pitta combinada à ação veloz do vata, tornando-os candidatos perfeitos a trabalhos que permitam inovações, adaptabilidade e soluções rápidas. Esse dosha tende a ter sucesso quando tem oportunidades iguais para criatividade, evolução, realizações e *networking*. São mais dispostos a assumir uma quantidade maior de riscos profissionais do que quem tem predominância de pitta, mas gostam de mais estrutura, segurança e planejamento do que os vatas "puros". Também se sentem à vontade como figuras públicas, talvez encontrando mais gratificação no reconhecimento do que no salário. Trabalhar com planejamento de eventos, *marketing*, serviços de emergência e relacionamento com o cliente pode ser bom para esse dosha.

Com fortes habilidades de liderança e criatividade, vata-pittas estão mais do que preparados para atuar como executivos, gerentes ou supervisores em qualquer área. Os elementos ar e éter do vata os tornam flexíveis e adaptáveis, mas o pitta dá a eles a convicção que um vata puro não tem. Vata-pittas trazem muitas ideias novas à mesa e recebem bem a colaboração, uma vez que eles não são exatamente o tipo que evita proximidade. Essa característica é diferente dos pittas, que preferem fazer tudo sozinhos. Em momentos de fraqueza, vata-pittas podem mudar de opinião para adaptá-la a colegas relutantes ou subordinados diretos, colocando em risco parte de sua autoridade. Mesmo assim, seu entusiasmo pode conquistar facilmente até o coração dos mais céticos.

Vata-pittas podem ser *performers* — se não literalmente (por exemplo, atores, dançarinos e músicos), então em seu desejo de se sair bem e agradar aos outros, uma extensão de sua condição de queridinho do professor durante a infância. Contudo, enquanto um queridinho do professor pode ser apelidado de sr. Certinho e ser impopular com o restante da turma, o funcionário vata-pitta é amado. Patrões gostam dele por sua prontidão, e colegas adoram sua personalidade expansiva e fácil de lidar. A maior dificuldade profissional que esse bidosha pode enfrentar é se esforçar demais para conseguir aprovação de outros. Eles não somente pensam que vai pegar mal se disserem "não", como também sentem-se pressionados a fazer tudo que fazem superando expectativas. Em vez de admitirem que têm muita coisa para fazer, eles se esgotam. Preferem aparentar fazer tudo com graciosidade a pedir ajuda ou desistir, já que proceder assim pode fazer outras pessoas os considerarem fracos ou fracassados, ou questionarem suas habilidades. Se você é vata-pitta, seja realista em relação a fazer coisas para você mesmo *versus* pelos outros, ou então pode acabar em uma carreira em que você se sobressaia, mas que não seja autêntica para você.

EQUILIBRANDO O VATA-PITTA

Com que frequência você se sente sobrecarregado? Desmembre o que atualmente o faz se sentir atolado e avalie como foi que chegou aí. Quanto disso pode ser atribuído a seu desejo de fazer o bem para os outros *versus* para si mesmo? Quais são os três passos que você pode dar para reduzir a chance de se sobrecarregar no futuro?

Como pittas, vata-pittas se sentem à vontade no mundo profissional, já que são focados e movidos por realizações. Essa situação pode facilitar muito trabalhar ao lado de um vata-pitta, uma vez que ele sempre faz sua parte. Entretanto, pode ser problemático para esse dosha trabalhar com alguém lento demais ou que se distraia com facilidade (como vata, vata-kapha ou kapha), já que ele tenta fazer o trabalho que o colega não está conseguindo e acaba entrando em um estado de esgotamento e *burnout*. Vata-pittas descobrem que trabalhar com pittas e pitta-kaphas (com o fogo para centrá-los e água e terra para estabilizá-los) é mais adequado a eles.

DENTRO DA MENTE VATA-PITTA

Sou comprometido com minha carreira, mas tenho muitos interesses e muitas vezes fico tentado a escolher outro caminho.

Busco trabalhos que tragam uma sensação de novidade, empolgação e soluções criativas de problemas, mas preciso de estrutura, estabilidade e segurança para evitar ansiedade ou esgotamento.

Metas profissionais são prioridade, embora eu assuma que, às vezes, priorizo essas metas mais pela necessidade de corresponder à aprovação alheia ou pelo medo de decepcionar outras pessoas do que por satisfação pessoal.

Gosto de trabalhar com outras pessoas, especialmente quando elas podem ser fontes de validação para mim.

Na teoria, quero estar em uma função de liderança com mais responsabilidades e subordinados diretos. Ao mesmo tempo, muitas vezes duvido de mim mesmo e nem sempre tenho a confiança ou a determinação necessárias para ser um líder.

Pitta-Kapha

O dosha com predominância de pitta é mais focado em metas e produtividade, e o dosha vata-pitta tem foco similar, mas é mais criativo e valoriza mais como as outras pessoas o veem. Pitta-kaphas também são ótimos para ter foco e definir metas, mas o acréscimo do elemento terra dá a eles mais tenacidade, torna-os mais introspectivos e interessados em trabalhos voltados ao serviço, além de capazes para tal. Se um pitta-kapha tem interesse por algo, ele vai dar tudo de si no trabalho. Certamente esse dosha não é antissocial e é generoso quando se trata de dedicar tempo e energia a outros, mas o que mais o alimenta é o trabalho independente, detalhado (pitta), proveniente da pressão dos prazos (kapha). Para os pitta-kaphas, também é importante que o trabalho seja gratificante e ajude a melhorar a vida de outras pessoas. Esse dosha é mais indicado para trabalhar como escritor, professor, pesquisador, cientista ou funcionário de laboratório, enfermeiro ou no setor hoteleiro.

Pitta-kaphas são líderes inatos, assim como pittas. Embora possam ser cirúrgicos e incisivos, o elemento terra aplaca a intensidade, dando a eles mais paciência e interesse pelo sucesso coletivo. Se você é subordinado de um pitta-kapha, pode ser útil saber que seu chefe quer apoiá-lo de qualquer maneira possível, mas cabe a você pedir ajuda. Eles não estão aí para impedi-lo; pelo contrário, vão estimulá-lo a usar os recursos de que precisa. Eles querem que você seja bem-sucedido, e, por terem descoberto sozinhos como ter sucesso, esperam o mesmo da sua parte, a não ser que você diga o contrário.

Por causa de sua lealdade, dedicação e habilidade de dar continuidade às coisas no longo prazo até vê-las finalizadas, pitta-kaphas

EQUILIBRANDO O PITTA-KAPHA

Quais aspectos de seu trabalho ou carreira merecem mais seu tempo e sua energia? Você tem algum projeto que está pendente, mas, se o largasse ou pedisse ajuda, você poderia descansar ou ter mais tempo? Como você pode encontrar um equilíbrio melhor entre dedicar-se a si mesmo, dedicar-se ao trabalho, e o trabalho conseguir lhe retribuir?

são muito cobiçados como funcionários e colegas. Você nunca tem de se preocupar se eles vão tirar o corpo fora e abandonar o projeto no meio e, como são um dos doshas mais introspectivos e estáveis, via de regra não há receio de que eles se desviem da tarefa e levem você pelo mesmo caminho. Pitta-kaphas trabalham bem com pittas, vata-pittas e outros pitta-kaphas, por causa do elemento fogo em comum e qualidades direcionadas a metas. Eles também gostam de formar equipe com vata-kaphas, acreditando que eles conseguem seguir sozinhos numa direção e não necessitam de gerenciamento frequente. E, embora pitta-kaphas certamente possam extrair o máximo de uma parceria com um vata, essa dupla pode ser a mais desafiadora para eles, uma vez que o vata é muito expansivo e falante, e o pitta-kapha gosta de se atolar no trabalho e ficar na dele.

DENTRO DA MENTE PITTA-KAPHA

Sou muito dedicado à minha carreira, mas tenho outros interesses que têm prioridade sobre o trabalho, como momentos com familiares e amigos.

Acho mais gratificante ter uma carreira que envolve solução de problemas complicados e auxílio a outras pessoas, além de me permitir estabelecer parcerias, trabalhar de maneira independente e finalizar tarefas em um ritmo que seja apropriado para mim.

Progredir na carreira é importante para mim, mas puramente pela minha satisfação pessoal, não por algum tipo de promoção, recompensa ou reconhecimento externo.

Para mim, é satisfatório trabalhar com os outros, especialmente quando isso une pessoas especialistas em suas áreas e nos permite compartilhar tarefas e recompensas.

Dizem que sou um líder nato, mas prefiro apenas me preocupar com meus afazeres a ter de lidar com gestão de pessoas ou responsabilidades mais relacionadas a gerenciar uma empresa do que com minhas habilidades.

Vata-Kapha

Enquanto o trabalho define muitos dos outros doshas, o vata-kapha é uma exceção notória. Os requisitos de seu trabalho têm muito pouco a ver com o que eles escolhem ou com seu nível de satisfação no emprego. Contanto que haja harmonia, coerência e tempo para lazer, o trabalho é adequado. Mesmo assim, há certas carreiras que podem ser mais adequadas a esse dosha — empregos que lhes permitam construir relacionamentos, que não tenham excesso de estresse ou tarefas pós-expediente e que tenham um bom líder são ideais. Vata-kaphas dão ótimos assistentes, funcionários responsáveis pelo atendimento ao cliente em restaurantes, massoterapeutas, representantes de atendimento ao cliente e técnicos em medicina. Quando você está tentando remarcar um voo, pedindo para mudar para um quarto diferente no hotel ou reportando transações fraudulentas no cartão de crédito, é bom ter ao lado a natureza acolhedora desse dosha.

Seria equivocado dizer que é impossível, mas, via de regra, vata-kaphas não almejam cargos de liderança e não são ávidos para ter muitos subordinados diretos. Se atingirem uma posição de liderança ou gerência, é na esperança de que tenham uma boa equipe de apoio, já que vata-kaphas são tímidos quando se trata de implementar regras e diretrizes. Em vez disso, eles nasceram para desempenhar a função de assistentes, já que são sensíveis a outras pessoas, improváveis de causar perturbações ou conflitos, são bons ouvintes, seguem bem as instruções e são capazes de se adaptarem a ambientes em mudança. Se você tiver um funcionário vata-kapha, não deixe de ver, vez ou outra, como ele está. Essa é uma maneira de mostrar que você é grato por ele e uma oportunidade para que ele lhe dê um *feedback* — o que eles não tendem a fazer sem um empurrãozinho.

Mesmo sem o fogo para deixá-los apaixonados ou motivados no trabalho, vata-kaphas podem ser os colegas ou funcionários dos sonhos.

> **EQUILIBRANDO O VATA-KAPHA**
>
> Quais componentes do seu trabalho você sente que poderiam ser aprimorados? Você tem sugestões de mudança? Há aspectos ou tarefas que o deixam infeliz, mas que você faz mesmo assim apenas porque alguém pediu? Liste possíveis maneiras de se defender e fazer suas ideias serem ouvidas. Qual seria o primeiro passo nesse processo? Como você se sente ao pensar em dar o primeiro passo? Consegue se imaginar lidando com conflitos ou incômodos que, mais cedo ou mais tarde, levem a maior felicidade e satisfação no ambiente de trabalho?

É agradável ficar perto deles, eles têm interesse em ajudar e são bons em aceitar orientações (porque muitas de suas orientações têm fontes externas, tornando-os acostumados a buscar a liderança em outras pessoas). Na teoria, qualquer dosha pode trabalhar com eles, mas vata-kaphas devem tomar cuidado ao trabalhar com vatas e kaphas, já que pode haver, respectivamente, muito ar e muita terra para que fiquem equilibrados. Vata-kaphas se sentirão mais seguros com pittas, vata-pittas e pitta-kaphas, os quais podem ficar à vontade para assumir a liderança.

DENTRO DA MENTE VATA-KAPHA

Quando se trata de trabalho, prefiro uma função divertida e que me permita ter diversão fora do ambiente profissional. Não quero um trabalho ou carreira que eu precise levar para casa junto comigo.

Minha opção de carreira está enraizada principalmente na conexão, no senso de pertencimento e no apoio a outras pessoas, muito mais do que na área de atuação em que estou.

É no trabalho com outras pessoas que me destaco, contanto que delegar funções ou tomar decisões não sejam minha responsabilidade. Sou bom em concordar com as ideias de outras pessoas.

Mesmo querendo ser recompensado de maneira adequada por meu trabalho, minha maior recompensa na vida profissional é ver como o que faço ajuda a respaldar o sucesso e o bem-estar dos outros.

Fazer parte de uma equipe de assistentes está muito mais em meu DNA do que ser líder. Vou ajudar de qualquer maneira, mas não quero estar no comando.

O UNICÓRNIO TRIDOSHA NO TRABALHO

Para tridoshas, é fácil escolher novas oportunidades, já que muitos trabalhos chegam naturalmente até eles. Por isso, um tridosha pode se sentir alinhado com qualquer tipo de trabalho, mas também encontrar satisfação em carreiras ou posições nas quais haja um pouco de tudo – como trabalhar em uma *start-up* ou construir seu próprio negócio do zero. Esse tipo de trabalho é mais desafiador e opressivo para outros doshas, uma vez que unidoshas ou bidoshas possuem poucas habilidades bem lapidadas. Também é possível que o Unicórnio Tridosha descubra que há menos drama no ambiente de trabalho para ele, porque, tendo todos os doshas fortemente representados, consegue se identificar e trabalhar com outros doshas sem muito esforço.

CAPÍTULO 12

Os Doshas no Amor

Há um fundo de verdade na ideia de que semelhante atrai semelhante: buscamos nas outras pessoas as mesmas qualidades que valorizamos em nós mesmos. Na linguagem do Ayurveda, seria mais apropriado dizer que doshas semelhantes atraem doshas semelhantes. Vatas gostam de estímulos e são atraídos por outros vatas, que podem deixar um relacionamento divertido. Pittas gostam de organização e planejamento e naturalmente sentem o fascínio de outros pittas pelos detalhes. E kaphas preferem a calma e a intimidade à aventura, portanto, para eles é um incentivo ter um parceiro kapha que goste das mesmas coisas.

Semelhante não apenas atrai semelhante, ele acumula semelhantes. Somos atraídos por pessoas e coisas que são como nós, mas semelhantes em excesso podem causar desequilíbrio. Contudo, a outra metade do ditado, é claro, é "os opostos se equilibram", que dialoga com nossa ideia comum de que "os opostos se atraem" quando o assunto é amor. Atributos contrastantes impedem ou revertem o acúmulo, motivo pelo qual podemos sentir que alguém tão diferente de nós é capaz de nos fazer sentir melhores ou mais completos. Quando há muitas qualidades compartilhadas e as complementares não são suficientes, as tendências não saudáveis de alguém vão se sobrepor às da outra pessoa, e não haverá qualidades opostas o bastante para reestabelecer o equilíbrio. Em um relacionamento vata-vata, a incapacidade de uma das pessoas de manter uma rotina vai acabar desestabilizando rotinas saudáveis de aterramento que a outra estabeleceu. Colocar dois pittas lado a lado é como combinar dois líderes. Quando os dois querem estar no controle, mas só um consegue puxar as rédeas, a situação está fadada a conflitos. E, num relacionamento kapha-kapha, há risco de estagnação, já que ambos fogem de mudanças e do desconforto proveniente delas. Qualquer combinação com um bidosha naturalmente proporcionará mais equilíbrio e menos risco de acúmulo, uma vez que é uma união de mais elementos. Se dois vata-pittas se entendem, a soma dos elementos é mais bem embasada que a de dois vatas ou dois pittas. Se um vata-pitta se une a um pitta, ainda há muito fogo na totalidade, mas também ar para esfriar (as pessoas na relação e a relação em si). E, se um vata-pitta e um pitta-kapha estão num relacionamento, eles podem desfrutar de interesses compartilhados como pittas, mas manter o equilíbrio pela presença do ar e da terra.

Há muitas camadas quando o assunto é compatibilidade amorosa e relacionamentos entre doshas. Sua constituição pode influenciar o que no início conecta você a um parceiro, como interesses pessoais ou área de trabalho. Contudo, além de coisas mais superficiais que fariam você se sentir atraído por outra pessoa, seu dosha e o do seu parceiro afetarão até que ponto uma relação poderia ser, ou será, profunda e duradoura. Seu dosha determina seu estilo de comunicação, como prefere receber e dar afeto, como gerencia conflitos, o que busca em um parceiro e como contribui num relacionamento. Tudo isso pode determinar como duas pessoas se combinam.

Qualquer combinação entre doshas pode resultar numa relação saudável e duradoura. Mas essa afirmação não torna este capítulo nulo e sem efeito — na verdade, ela o torna mais válido. Quando você está ciente do seu dosha e do dosha do seu parceiro, torna-se mais consciente dos próprios pontos fortes, das vulnerabilidades e do que você traz para um relacionamento. Esse nível de consciência, sua disposição e a do parceiro em dedicarem-se a vocês mesmos e ao relacionamento, bem como a habilidade de reconhecer e apoiar o caminho um do outro, farão uma relação dar certo. Portanto, embora seja verdade que certos doshas podem encontrar mais coisas em comum e, na teoria, construir relações melhores, todos os relacionamentos têm a possibilidade de florescer se tiverem o cuidado e a atenção apropriados.

Para este capítulo ser o mais útil e prático possível, considere seus relacionamentos passados e atuais e o que você aprendeu com cada um. Isso inclui tanto relacionamentos de amizade quanto amorosos, as maiores alegrias e as maiores dores de cotovelo. Fazer isso lhe permitirá enxergar o elo entre seu dosha e os motivos pelos quais certos relacionamentos podem ou não dar certo para você.

Pense em termos objetivos e emocionais ao usar as sugestões a seguir para refletir. Aprender a respeito de seu dosha tem a ver com desenvolver mais consciência de si e de outras pessoas. O que extraímos de todas as nossas experiências, sejam elas rotuladas como boas ou ruins, é o que nos leva mais a fundo no caminho do autoconhecimento.

Para você, o que significa estar apaixonado? Como você se sente quando se apaixona? As motivações e os medos de cada dosha que vimos na parte 2 se estendem aos relacionamentos. Há medos menos intensos (por exemplo, ser rejeitado, fracassar, machucar os outros) ou motivações (por exemplo, validação externa, produtividade, mudança) nutridos por estar em um relacionamento amoroso?

O que você mais valoriza em amizades e/ou relacionamentos amorosos? Quais são as três coisas que precisam existir para você se conectar com alguém? Algumas das pessoas com quem nos relacionamos vão destacar mais nossos pontos fortes, outras, por sua vez, seguram o rojão, apoiando-nos em áreas da vida em que temos dificuldades. Observe como as qualidades que você valoriza ou busca em um relacionamento estão relacionadas à expressão de seu dosha.

Quais são suas contribuições em um relacionamento e o que você espera receber? Como você apoia as outras pessoas e no que elas mais podem incentivá-lo? Conhecer suas concessões recíprocas em um relacionamento fornecerá mais clareza enquanto analisamos a compatibilidade entre os doshas.

Reflita sobre sua maior dor de cotovelo. O que causou o rompimento, o que foi perdido e por que essa perda foi tão significativa? Qual era o dosha do seu parceiro?

Vata

O relacionamento mais cheio de aventuras e também mais dramático que você pode ter é com um vata. Esse dosha criativo e espontâneo é uma certeza de empolgação, arrepio na espinha e surpresas. Eles amam a mudança, são abertos para tentar coisas novas e estão em busca constante por energia e estímulo em todos os aspectos da vida — e eles querem ter essas experiências com você. Com um companheiro vata, você viajará, irá a festas, a feiras e festivais, fará planos de última hora e adotará o lema de experimentar tudo de uma só vez.

O ENCONTRO DOS SONHOS DO VATA

Jantar em um restaurante novo e planejar algo espontâneo para depois do jantar, como ir a um festival, feira de rua, boliche, *show* de comédia ou caraoquê.

Como todos os doshas, os vatas buscam em um parceiro ou em uma relação as mesmas qualidades que possuem. Para um relacionamento com um vata durar, deve haver variedade, elementos empolgantes e ação — ir aos mesmos restaurantes com as mesmas pessoas o tempo todo não vai rolar. Em certo nível, eles gostam de drama ou de altos e baixos em relacionamentos, como um vai e volta semanal, e até chegam a buscar isso. Vatas são tão atraídos por relacionamentos impetuosos, que isso os leva a confundir com amor. Por exemplo, na fase inicial em que eles conhecem alguém, podem acreditar que estão ficando apaixonados; no entanto, trata-se apenas da ansiedade e empolgação de conhecer uma pessoa nova. Quando essas sensações acabam, a novidade se esgota; as coisas ficam mais rotineiras, os vatas estão prontos para fazer a fila andar, buscando a próxima conexão que os faça se sentirem vivos da mesma maneira. Por tudo isso, o parceiro mais saudável para um dosha vata é aquele que traga estabilidade, consistência, rotina — atributos que equilibram o vata, exatamente aquilo que ele mais tem dificuldade para manter por conta própria.

Se você estiver em uma relação com um dosha vata, saiba que está se unindo ao elemento ar, leve e móvel, e que você assumirá e apoiará sua mente ativa, sua dificuldade com estruturas e seu desejo por mudanças. Esse dosha terá disposição para conversar e falar sobre os próprios sentimentos, mas pode ser um calvário para ele ouvir você. Isso pode ser um empecilho se aparecerem conflitos na relação passíveis de discussão, como a incapacidade do vata de planejar com antecedência, lembrar-se de datas importantes, chegar no horário ou cumprir compromissos. Também é provável que seu parceiro vata dependerá de você para planejar e organizar. Mesmo quando eles tentam a todo custo, é difícil seguir uma agenda e manter os lugares organizados. De fato, se você mora com um vata, é preciso desenvolver tolerância com portas de

EQUILIBRANDO O VATA

Você se lembra de algum momento em que foi levado pela empolgação de um relacionamento e só percebeu mais tarde que confundiu o ímpeto inicial com amor, ou fez vista grossa para sinais de alerta porque estava se divertindo pra valer (ou ainda na fase da lua de mel)?

armário abertas, garrafas vazias na geladeira e pratos na pia. Esses são os sinais de um vata *sui generis*.

Como o elemento ar faz os vatas se apaixonarem e desapaixonarem com muita facilidade e rapidez, em geral eles têm a lista mais extensa de amigos, conhecidos e relacionamentos românticos — mais que qualquer outro dosha —, e, com sua natureza desinibida e trabalhos e hobbies variados, além da queda por viagens, conexões instantâneas com certeza ocorrerão. Mas vatas não querem ficar solteirões, já que companhias — ainda que somente temporárias — os ajudam a se sentirem seguros. Seus parceiros ideais também têm presença marcante de vata na própria constituição, mas vatas se dão melhor com vata-pittas ou vata-kaphas que possam lhe oferecer a base e o direcionamento que eles não conseguem encontrar sozinhos. Isso permite aos vatas terem um parceiro que compartilhe dos mesmos interesses e das mesmas necessidades (todo o estímulo, criatividade e mudança de que eles precisam para se sentirem plenos), mas que possuam o bastante dos outros elementos a fim de ajudar a trazer o equilíbrio tanto ao relacionamento quanto às pessoas dentro dele.

DENTRO DA MENTE VATA

Adoro conhecer novas pessoas.

Tive muitos relacionamentos amorosos e tenho mais amigos e conhecidos do que qualquer outra pessoa que conheço.

Por mais que eu queira ter uma relação duradoura, fico inquieto e tenho dificuldade de me comprometer.

Algumas das qualidades mais sólidas que trago às relações são meu senso de aventura, mente aberta e disposição para adaptar ou mudar.

Eu me apaixono com facilidade, sobretudo quando há emoção, empolgação ou até mesmo drama envolvidos. Assim que a empolgação passa, começo a perder o interesse.

Pitta

Pittas sabem o que querem da vida e também sabem o que estão buscando em um companheiro. Consequentemente, namorar um pitta pode ser meio parecido com uma entrevista de emprego. Sua natureza é seletiva, o que se estende à companhia que ele escolhe, portanto, o pitta quer garantir que todos os campos de verificação estejam assinalados antes de deixar você entrar em seu mundo. No entanto, uma vez que isso ocorre, ele o fará se sentir especial e excepcional. Um relacionamento com pitta trará paixão, profundidade e discussões. São parceiros muito comprometidos e se esforçam para ter relações duradouras. Embora gostem de companhia, não dependem dela. Eles valorizam a solitude, já que podem usar o tempo para focar o crescimento pessoal ou a carreira, e preferem, de longe, voar solo a estar em uma relação que não agrega valor à sua vida ou outra indicação de sucesso. Por mais cafona que possam parecer as expressões "marido troféu" ou "esposa troféu", é provável que o pitta tenha um(a).

> **O ENCONTRO DOS SONHOS DO PITTA**
>
> Jantar em um restaurante muito bem avaliado ou em algum local confiável favorito e eventos exclusivos (onde ele possa ver outras pessoas e ser visto por elas), como a estreia de um documentário muito aguardado ou uma exposição em um museu apenas para convidados.

Ter um parceiro pitta proporciona sensação de segurança. Eles preferem tomar a liderança e as decisões quando se trata de assumir responsabilidades, portanto, não há dúvida de que você se sentirá bem cuidado (a menos que também seja um pitta, nesse caso, vocês precisarão de uma séria delegação de tarefas para evitar conflito). Parceiros pitta também exalam confiança suficiente para você se sentir confiante por tabela, oferecendo uma camada extra à estabilidade sentida ao lado deles. Quando o assunto é expressar emoções, pittas podem ser reservados; assim, você perceberá que eles demonstram afeto por meio de ações, não de palavras. Se recebe presentes, ofertas de ajuda e mensagens de seu companheiro pitta, pode ter certeza de que ele se importa muito com você.

Por outro lado, se o carinho verbal é importante para você, talvez esse dosha não seja o ideal. Há chances de que ele não diga "eu te amo" ou elogie sua roupa nova com a frequência que você gostaria, já que prefere comunicações diretas e essenciais, apenas.

No namoro ou quando dividem a casa com alguém, pittas querem autonomia e espaço para liderar. Por exemplo, um sinal emblemático de uma relação com um pitta é ser avisado de que você não coloca os pratos na lava-louça do jeito certo ou pegá-lo recolocando-os logo depois que você fez isso. Em prol dos pittas, eles precisam desse tipo de controle para se sentirem à vontade, já que seu ímpeto de liderar precisa ser tanto alimentado quanto equilibrado. Descobriremos que essa é uma verdade sobretudo se esse desejo não estiver sendo satisfeito em outros aspectos da vida deles, como na vida profissional. Não obstante, um relacionamento será mais saudável para eles se o parceiro lembrá-los de relaxar, quebrar regras e se permitir brincar.

EQUILIBRANDO O PITTA

Nas amizades e nos relacionamentos amorosos, em geral é você quem lidera e toma decisões? Quando isso gera harmonia e quando pode causar conflitos? Qual é a sensação quando seu parceiro lidera ou você vivencia algo no relacionamento que está fora do seu controle?

Pittas serão parceiros melhores de quem também tem pitta na constituição (e vão adorar quem souber organizar a lava-louça), mas o parceiro não deve ter a mesma quantidade ou a mesma expressão de pitta, já que uma colisão de dois incendiários similares não acaba bem. Em relações pitta-pitta, alguém deve estar disposto a abrir mão do controle, e nem sempre isso é possível. Pittas têm bons relacionamentos com vata-pittas, que estarão dispostos a corresponder às expectativas do pitta, mas também deixá-lo liderar, ou com pitta-kaphas, que também ficam contentes em apoiar as decisões do pitta e seguir suas orientações. Pittas em relacionamentos com vatas vão se beneficiar de sua natureza brincalhona, mas ficarão frustrados com sua incapacidade de tomar decisões e dificuldades de organização. Relações com kaphas vão lembrá-los de reduzir a marcha e se acalmar, um bom equilíbrio à natureza produtiva do pitta. Contudo, pittas podem achar os kaphas tranquilos demais e ter problemas com eles quando houver coisas mais produtivas que eles poderiam fazer.

DENTRO DA MENTE PITTA

Gosto de conhecer pessoas, mas reservo tempo e energia para amizades que pareçam interessantes e intelectualmente estimulantes.

Tenho uma quantidade média de amigos e um número mediano de relações amorosas.

No namoro, gosto de ter o controle. Isso pode gerar conflitos, já que meu parceiro pode sentir que não o estou ouvindo e que suas vontades e necessidades estão sendo negligenciadas.

Minha grande contribuição nos relacionamentos ocorre por meio de minha habilidade de cuidar do meu parceiro, assumindo responsabilidades, sendo bom em tomar decisões sólidas e conduzindo a dança da relação.

Mesmo que eu queira estar em uma relação, mantenho os limites bem delimitados, já que ainda faço questão de minha independência.

DOSHAS E SESSÃO CORUJA

VATA	Tem problema para ficar parado até o fim do filme ou do episódio de uma série. É um espectador esporádico e fica facilmente sobrecarregado com a lista interminável de opções.
PITTA	Prefere documentários, mas, independentemente do gênero do programa escolhido, assiste enquanto faz algo produtivo (com uma pontinha de vergonha de si mesmo e culpa por relaxar).
KAPHA	Pode maratonar as melhores séries e filmes. Fica contente em assistir sozinho ou com outras pessoas.
VATA- -PITTA	Tenta ao máximo não assistir ao próximo episódio sem o parceiro, mas, por não conseguir decidir quais outras coisas assistir, cede à tentação e depois tenta esconder os rastros.
PITTA- -KAPHA	Pesquisa algumas avaliações antes de entrar no modo relax com relativa facilidade ao assistir a um episódio.
VATA- -KAPHA	Quer assistir acompanhado e que você escolha o programa.

Kapha

Você sentirá que encontrou a tampa para sua panela com um parceiro kapha, já que eles são carinhosos, leais e românticos. Boa parte da personalidade do kapha foi feita para ter companhias: seu esforço em cuidar dos outros, sua compaixão e sua natureza doce e incentivadora. Eles podem reservar espaço para seus *downloads* emocionais e ajudar você a se reconstruir depois de colapsar. Você será o centro das atenções. Kaphas trazem união ao relacionamento; eles nunca querem conflitos e sempre desejam ver você feliz. Esse desejo de paz e tranquilidade torna os relacionamentos com kaphas os mais resilientes de todos — que resistem às provações do tempo.

Kaphas funcionam melhor quando têm conexão profunda com outras pessoas, mas ficam cem por cento bem sozinhos. Ao contrário dos vatas, que buscam os outros para preencher vazios (kaphas não gostam de muitos estímulos) ou para arrumar o elemento terra que lhes falta, kaphas são estáveis sozinhos. Portanto, para eles, estar na presença de outros não tem a ver com dependência, mas simplesmente com a companhia. Por exemplo, em geral um kapha gosta de ficar em casa, ou jogado no sofá assistindo a um programa ou lendo um livro, mas ele prefere fazer isso com você (ou tê-lo por perto fazendo as próprias coisas) a ficar sozinho. Para ele, o relacionamento ideal lhe permite ficar só e acompanhado ao mesmo tempo.

O ENCONTRO DOS SONHOS DO KAPHA

Jantar em um restaurante tranquilo de bairro ou em casa depois de ter se divertido com uma comédia romântica ou com jogos de palavras cruzadas ou de tabuleiro – escolhendo atividades conhecidas e engraçadas, nada de novo e fora da caixinha.

A constituição kapha se sentirá plena em um relacionamento com um pitta-kapha. Esses dois doshas têm ótima compatibilidade, uma vez que ambos gostam de calma, tranquilidade e harmonia, mas uma "pittada" na mistura garantirá que eles nunca fiquem estagnados. Um relacionamento kapha-kapha também dará certo, embora a abundância do elemento imóvel terra no casal os deixe sob risco de estagnação. Provavelmente, a opção

> **EQUILIBRANDO O KAPHA**
>
> Lembre-se de um momento em que você apoiou ou ajudou seu parceiro quando ele precisou. Como ele ou ela se sentiu, e como você se sentiu oferecendo ajuda? Agora, pense em alguma situação em que você poderia ter pedido auxílio, mas se sentiu relutante em fazê-lo. Para seu parceiro, como seria conseguir ajudar você, e como seria, para você, receber essa ajuda?

menos compatível para esse dosha é o vata, já que ambos são motivados por interesses, valores e hábitos muito contrastantes. Embora haja alguma possibilidade de o ar trazer equilíbrio à terra, kaphas gostam de lentidão e estabilidade, e vão se sentir ansiosos pela maneira rápida com que um vata encara a vida. Essa ansiedade é menos propensa a ocorrer se o vata estiver combinado com outro dosha, como vata-pitta ou vata-kapha, ambos contendo outros elementos para ancorar e dar estrutura ao kapha.

DENTRO DA MENTE KAPHA

Tenho amigos íntimos que conheço há muito tempo. Tive pouquíssimos relacionamentos amorosos.

Busco vínculos profundos nas relações — qualidade, não quantidade.

Às vezes me sinto desafiado em relacionamentos, quando há necessidade de mudança ou adaptação. Por não ter disposição para mudar, posso ser a causa da estagnação ou da prisão em um relacionamento.

Trago a sensação de segurança a uma relação. Sou estável, incentivador e acolhedor, e gosto de cuidar dos meus entes queridos.

Não preciso de estímulos e empolgação em um relacionamento. Quero que ele seja tranquilo, fácil e sem dramas.

Vata-Pitta

> **O ENCONTRO DOS SONHOS DO VATA-PITTA**
>
> Reservas no mais novo restaurante da cidade antes de ir a um concerto ou outro evento interativo, como uma aula de arte para casais.

Relacionamentos com vata-pittas são aventureiros e práticos, e sua companhia enfatiza participação e contribuições igualitárias. Uma mistura do vata que busca estímulos e do pitta motivado por metas, vata-pittas gostam de ter tempo para foco e diversão; por exemplo, durante a semana eles gostam de se concentrar e reservar tempo para atividades sociais no fim de semana. Você sempre pode contar com um vata-pitta para cumprir o que ele promete e aparecer no horário. Conhecidos por dar muito valor às ideias e opiniões alheias, vata-pittas querem ter certeza de que suas necessidades são atendidas e também querem que você seja feliz. Ainda que esses esforços para agradar aos outros tenham como via de regra o objetivo de alimentar o relacionamento e de trazer conforto para você, alguns deles podem ser úteis para os próprios vata-pittas. Vata-pittas ajustarão a própria agenda conforme a sua e assumirão responsabilidades extras quando já estiverem sobrecarregados se souberem que terão sua aprovação. A aprovação alheia aumenta a confiança deles e pode ser a validação externa que eles tanto procuram. E a felicidade do parceiro ou da parceira se traduz como segurança no relacionamento; se ele ou ela está feliz, o vata-pitta se sentirá alicerçado na relação. Quando sua doação é recíproca, ele se sente seguro e amado.

Se existe algo que prejudica a relação com um vata-pitta, é a insegurança dele. Assim como se questionam com frequência, eles podem ficar bem inseguros quanto ao relacionamento. Podem ficar constantemente preocupados se são bons o bastante para o parceiro, perguntar-se como o parceiro se sente em relação a ele e interpretar pequenos comentários ou atitudes como sinais de que alguma coisa está errada (exemplo: o parceiro perdeu o interesse ou está interessado em outra pessoa). Vata-pittas se perguntam o que foi que o parceiro viu neles, e com frequência perguntam ao parceiro no que ele está pensando ou o que acha deles. Isso pode ameaçar o relacionamento, porque talvez o vata-pitta sempre se sinta pisando em ovos enquanto o parceiro se cansa de ficar constantemente confirmando a esse dosha que as coisas, na verdade, estão firmes. Essa situação não estará presente em todas as relações do vata-pitta, uma vez que certos doshas são melhores em proporcionar segurança do que outros, mas será mais problemática para vata-pittas que estejam em desequilíbrio ou não tenham outras áreas da vida que ofereçam confiança ou estabilidade.

> **EQUILIBRANDO O VATA-PITTA**
>
> Quais aspectos você não mostra por temer que compartilhar seu eu pleno possa resultar em rejeição? Imagine se você mostrasse seu verdadeiro eu e fosse aceito. Qual seria a sensação? Como suas relações, amorosas e de outro tipo, mudariam?

A presença de pitta em um companheiro é ideal para o vata-pitta, já que esse parceiro pode oferecer direcionamento e sensação de segurança que, de outra forma, o vata-pitta sempre acha que ele não possui. Assim, é mais provável que o vata-pitta tenha sucesso em relacionamentos com pittas, pitta-kaphas ou outros vata-pittas. Com vatas, vemos menos compatibilidade, por ser um dosha que pode fazer o vata-pitta se sentir desenraizado, o mesmo acontece com kaphas, que não têm o ânimo ou o ímpeto que os vata-pittas adoram. Vata-kaphas podem dar apoio quando vata-pittas se sentem inseguros, mas, se o vata-pitta está em busca de um parceiro que também faça sua parte na tomada de decisões, o vata-kapha não é a opção certa.

Se você namora um vata-pitta, é possível que ele não aceite um convite para sair à noite durante a semana. Isso quebraria muitas regras, especialmente se ele ainda não deu conta de sua lista de afazeres. No entanto, eles toparão tudo em uma sexta-feira ou sábado, porque as regras estabelecem que dias úteis são para o trabalho; fins de semana, para sair e se divertir. Vata-pittas gostam de socializar e conhecer pessoas novas com histórias interessantes para contar.

DENTRO DA MENTE VATA-PITTA

Tenho muitos amigos e conhecidos de vários círculos e fases diferentes da minha vida.

Tive um número contido de relações amorosas.

Tenho dificuldade de continuar valorizando minhas próprias necessidades em relacionamentos, em parte por conta de minhas inseguranças. Em vez disso, minha tendência é priorizar as necessidades do meu parceiro, na esperança de que ele goste de mim o bastante para ficar ao meu lado.

Uma das minhas maiores contribuições num relacionamento é minha boa vontade e disposição para encontrar igualdade e comprometimento.

ENERGIA MASCULINA E FEMININA E OS DOSHAS

Na filosofia ayurvédica há um conceito de energia masculina e feminina, uma ideia que, apesar do nome, não está vinculada a gêneros, mas às polaridades existentes dentro de nós. A energia masculina reflete qualidades assertivas, ativas, intensas, direcionadas e dominantes. Nesse caso, a palavra "masculino" pode ser intercambiável com termos como *yang*, *solar* ou *quente*. A energia feminina é suave, acolhedora, criativa, intuitiva e passiva. "Feminino" também é chamado de *yin*, *lunar* ou *frio*. Assim como cada um de nós tem todos os elementos como parte de nossa constituição, também temos a dualidade masculino-feminino dentro de nós e o próprio equilíbrio exclusivo das duas energias que tentamos constantemente manter.

Cada um dos três doshas também tem seu equilíbrio próprio das energias masculina e feminina. Vata e kapha são uma representação mais forte do feminino, enquanto pitta parece mais masculino. É importante lembrar que essas energias são parte de todos nós, e que todas as pessoas, binárias ou não binárias, possuem as duas. Qualquer um, binário ou não binário, pode ser de qualquer dosha. Por conta de certas ideias sobre gênero terem sido perpetuadas na sociedade (como a de que homens são líderes; e mulheres, cuidadoras), sem um entendimento claro dessas energias ou da fluidez de gênero, pode-se concluir imprecisamente que os homens possuem, de forma inerente, mais energia masculina e são mais propensos a ter dosha pitta, e mulheres têm mais energia feminina e devem ser vata ou kapha. Assim, mesmo que seja importante considerar e abraçar essas energias, é essencial separá-las dos gêneros.

Pitta-Kapha

Se você estiver em um relacionamento com um pitta-kapha, terá sorte no amor. Esse dosha cultiva um dos relacionamentos mais sinceros e duradouros que existem. Eles são seletivos com as pessoas em quem investem tempo e energia e, quando se interessam por você, eles investem. Pitta-kaphas são parceiros comprometidos e dedicados, e conseguem fazer isso sem exagerar. Eles têm identidade própria e valorizam ficar sozinhos, portanto, a atenção que eles dedicam a você e o apoio que dão serão empoderadores, não sufocantes.

Pitta-kaphas podem ser bastante românticos, e eles adoram mostrar que se importam tendo atitudes significativas, como escrever uma carta à mão ou dar um presentinho, ou com ações, como pegar sua roupa na lavanderia ou coisas no supermercado para você. Eles vão cozinhar, limpar, consertar coisas ou fazer tarefas por você sem reclamar. Pitta-kaphas são amorosos com todo mundo, mas essa generosidade pode ter um custo. Amigos e parceiros românticos passam a depender da confiança do pitta-kapha e recorrem a ele como a rocha de que precisam. Preocupados em decepcionar ou transmitir uma mensagem de que não se importam com quem mais amam, os pitta-kaphas têm muita dificuldade de dizer não. Isso pode fazer amigos e parceiros acharem que sua disponibilidade e boa vontade estão sempre garantidas, e, talvez, desrespeitem limites.

O ENCONTRO DOS SONHOS DO PITTA-KAPHA

Jantar em um restaurante com cenário pitoresco ou intimista, ou um jantar romântico seguido de uma caminhada no parque, uma visita à livraria ou vista do pôr do sol.

Mas a maior decepção pode ser a do próprio dosha, quando ele percebe que terá de pedir um favor. Quando o inabalável e forte pitta-kapha pede ajuda, mas suas necessidades são negligenciadas pelo parceiro a quem ele tanto doou, ele se torna insensível. Pitta-kaphas doam com amor genuíno e altruísta, mas, se sentem que não estão sendo valorizados, acabam tristes e insatisfeitos.

Pitta-kaphas são como o sangue O negativo dos relacionamentos — um par compatível com a maioria dos outros doshas. Um dosha muito fechado e autônomo, eles não buscam coisas em relacionamentos para se sentirem plenos, uma vez que já se sentem bem plenos sozinhos (resultado de todos os elementos estáveis, mas independentes); eles querem, acima de tudo, uma parceria com a mesma confiabilidade e tranquilidade que proporcionam. Pitta-kaphas podem ser ótimos parceiros para outros pitta-kaphas por causa de sua sinceridade e lealdade; contudo, se uma das pessoas nessa parceria tem algum empecilho, o peso dessa relação dual entre água e terra pode fazer essa pessoa (e a relação) ter dificuldades para ganhar ímpeto de novo (isso certamente também aconteceria em um relacionamento de um pitta-kapha com um kapha). Pittas também se dão bem com pitta-kaphas, porque o fogo extra que o pitta traz é justamente a quantidade certa de combustível que dá ao pitta-kapha o empurrãozinho de que ele precisa. Um parceiro com mais éter e ar pode ser uma boa pedida para pitta-kaphas, que ficam equilibrados com a leveza e a mobilidade desses elementos, mas provavelmente achem o vata puro muito impetuoso. Um vata-pitta ou um vata-kapha com atitude otimista e incentivadora pode dar uma sensação de ar fresco, contanto que não tragam ao relacionamento a instabilidade e inquietude que com tanta frequência acompanham o éter e o ar.

EQUILIBRANDO O PITTA-KAPHA

Com que frequência você atende as necessidades de seu parceiro em detrimento das suas? Haveria um meio-termo em que você conseguisse satisfazer o parceiro e, ao mesmo tempo, ter suas necessidades ouvidas e atendidas? Como você comunicaria isso a ele, e como seria a sensação?

DENTRO DA MENTE PITTA-KAPHA

Conhecer gente nova é divertido e gosto de ficar perto das outras pessoas, mas prefiro um círculo menor de amigos em quem posso confiar e com quem me conecto com profundidade.

Tive poucos relacionamentos amorosos, que duraram anos.

Sou muito seletivo com as pessoas com quem passo meu tempo.

Tenho dificuldade de verbalizar minhas questões quando há desarmonia ou de falar do que preciso nos relacionamentos. Eu guardo isso comigo e, para prejuízo meu e do meu(minha) parceiro(a), isso vai me pressionando até eu ficar irritado.

Sou conhecido por trazer lealdade, dedicação e devoção aos relacionamentos. Se estou dentro, estou cem por cento dentro.

Vata-kapha

Vata-kaphas foram feitos para companhia. Eles acham que seus aspectos positivos são amplificados pela presença de outras pessoas e acreditam que a vida é mais empolgante quando têm alguém com quem compartilhá-la, simples assim. Ter um parceiro lhes proporciona sensação de segurança e direção, e muitas vezes eles dependem do relacionamento para se sentirem completos. Vata-kaphas não gostam de ficar sozinhos, portanto, embora sempre gostem de ficar com os amigos, vão depender muito mais deles se não tiverem um parceiro amoroso.

O ENCONTRO DOS SONHOS DO VATA-KAPHA

Jantar em um restaurante divertido, em seguida sentar em um banco de um parque para ver as pessoas passando, assistir a um filme ou ir a um café para aproveitar o tempo com o parceiro.

O vata-kapha não se sente apenas mais completo quando está em um relacionamento mas também dará amor e suporte ao companheiro. Outro dosha pode ter a sensação de "ter que" ir a um evento com o parceiro ou que "deve" ajudá-lo com um projeto, mas o vata-kapha "faz" essas coisas, e com orgulho e honra. Eles têm pouquíssimo fogo, o que, para muitos vata-kaphas, é sinal de pouquíssimo ego. Assim, eles são agradáveis e mente aberta e estão muito dispostos a seguir a liderança do parceiro e tentar coisas novas. Sempre prontos para conversar, vata-kaphas demonstram saber se comunicar bem num relacionamento, mas isso terá a ver principalmente com ouvir o parceiro ou discutir problemas da relação, e muito menos com seus próprios sentimentos e emoções.

> **EQUILIBRANDO O VATA-KAPHA**
>
> Você se sente perdido sem seu companheiro, especialmente quando ele vai atrás dos próprios interesses e paixões? Pense em interesses, atividades e amizades que vocês têm em comum e os que são apenas seus como indivíduo. De que maneiras você pode ter sucesso em um relacionamento e, ao mesmo tempo, manter a própria identidade?

Entender o conforto que o vata-kapha sente em relacionamentos torna mais fácil perceber suas dificuldades, que, não por coincidência, acontecem quando o parceiro ou os amigos não estão disponíveis para ele (física, logística ou emocionalmente). Se o companheiro tem um projeto importante no trabalho que exige que ele passe mais tempo no escritório, o vata-kapha pode começar a se sentir sozinho e perdido sem o tempo habitual dedicado ao relacionamento. Se essa situação continuar por semanas ou meses, ou vier com alguma indisponibilidade de um amigo para viagens ou obrigações, a solidão e a perda de direção do vata-kapha aumentarão. Em vez de ganhar experiência ao ficar sozinho e aprender como lidar com isso, o vata-kapha fica ansioso e deprimido, muitas vezes sofrendo uma perda de identidade.

Dependendo do que você acha dessa situação e do seu dosha, relacionar-se com um vata-kapha pode ser fácil ou dar muito trabalho. Para quem gosta de liderar e tomar decisões, como o pitta, vata-kaphas podem ser ótimas companhias. Nunca haverá brigas sobre quem decide o que vai ter para jantar ou a qual filme assistir, já que a pessoa com mais fogo (e opiniões) decidirá. Mas a mesma situação pode ser fonte de frustração se o vata-kapha estiver com um parceiro pitta que não quer uma sombra seguindo-o em todo lugar, ou se um vata-kapha estiver com um kapha ou com outro vata-kapha que tem o mesmo desejo de ser o sistema de suporte e não o líder. Neste último caso, nenhuma decisão será tomada, nunca. E, acima de tudo, vata-kaphas precisam de um companheiro com fogo para lhes dar direcionamento e motivação. Eles descobrirão que a melhor compatibilidade será um vata-pitta ou um pitta-kapha, já que esses dois bidoshas têm o fogo que falta ao vata-kapha, mas não o fogo puro (pitta), que pode ser intenso demais para o vata-kapha, que prefere simplesmente seguir o fluxo.

DENTRO DA MENTE VATA-KAPHA

Consigo fazer amizade com todo mundo. Tenho muitos amigos e conhecidos mas também muitos amigos que conheço desde criança.

Tive muitas relações breves (que duraram semanas ou meses) antes de encontrar meu (minha) parceiro(a) atual, com quem estou há anos.

Não é incomum eu ter dificuldade para manter minha própria identidade nas relações. Em todo apoio que dou aos outros, posso perder meu senso de identidade.

Minha maior contribuição nos relacionamentos é minha infinita habilidade de apoiar, ajudar e defender meu parceiro. Mesmo que eu não seja um líder nato em nenhuma relação, sou o melhor braço direito.

O UNICÓRNIO TRIDOSHA APAIXONADO

O Unicórnio Tridosha não é o dosha mais sociável ou expansivo (na maioria das situações, eles são um meio-termo), mas se conectar com outras pessoas é fácil para eles. Esse dosha é inegavelmente compatível com todos, e, com uma constituição elemental que lhes confere não somente habilidades interpessoais mas também interesses em todos os aspectos, é relativamente fácil agradá-los. O encontro dos sonhos do Unicórnio Tridosha não precisa ser em certo lugar ou para fazer determinada atividade; ele vai se adaptar a qualquer coisa que você tiver planejado.

PARTE 4

O Caminho Adiante

CAPÍTULO 13

Como Ter Êxito e Apoiar os Outros

Até aqui, este livro forneceu a você orientações para ajudá-lo a obter um novo nível de consciência ao compreender seu dosha. Talvez você precise maturar um pouco essa etapa, permitindo-se ver como seus pontos fortes e suas vulnerabilidades atuam no mundo real. Experimente refazer o questionário dos doshas no Capítulo 2, reler alguns capítulos ou, talvez, sentar-se num banco de um parque e observar as pessoas para ver quais doshas você percebe nelas. Quando estiver pronto para explorar algumas das oportunidades recém-descobertas de crescimento, esta seção proporcionará metas e pontos acionáveis para cada combinação de doshas no trabalho, no amor e na vida. Independentemente de onde você estiver em sua jornada dóshica, sempre há meios de ter sucesso!

O tema desta seção é ter sucesso e dar apoio, não consertar ou arrumar as coisas. Como você aprendeu, todos nós temos pontos fortes e vulnerabilidades — nossa sombra e luz. Mas seria inútil e frustrante considerar atributos menos desejáveis como fraquezas que precisam ser corrigidas, em vez de oportunidades para crescimento e equilíbrio. Precisamos garantir que o lado sombra não impeça nossa capacidade de funcionar ou se transforme em uma potencial fonte de desequilíbrio; podemos fazer isso e, ao mesmo tempo, celebrar todas as nossas qualidades.

Neste capítulo, há muitas sugestões de maneiras como cada dosha pode ter sucesso no trabalho, no amor e na vida. Em vez de lidar com todas elas de uma só vez ou se sentir tão sobrecarregado a ponto de não tentar nenhuma, considere este método:

- Comece com os aspectos gerais de sua vida que você sente que poderia melhorar (exemplo, o cotidiano, o amor ou o trabalho), mas reflita também sobre pensamentos, sensações, emoções ou comportamentos mais específicos dessa área em que tem mais dificuldade ou em que poderia empregar uma atenção mais concentrada (exemplo, incapacidade de focar no trabalho, sensação de não ser bom o bastante, mágoa de um ente querido ou redução de motivação).
- Explore a seção em que seu dosha pode ter sucesso. Selecione uma ou duas das sugestões que mais reverberem em você — as que considere manejáveis e eficazes para a área de foco escolhida. Se não estiver encontrando nada que se encaixe, use os itens listados como inspiração para criar sua própria lista ou leia as sugestões para os outros doshas, uma vez que temos um pouco de todos eles em nós.
- Determine como você pode integrar as sugestões para ter sucesso na sua vida. Separe uma semana para testar essas sugestões por tamanho, duas semanas de prática consistente com sua nova perspectiva e método e, depois, reavalie. Leva tempo para fazer mudanças na vida, e é importante começar pequeno e ir devagar para podermos continuar sintonizados com as sensações conforme vamos incorporando as mudanças. Se após esse período, você não sentir que está no caminho certo, pode fazer mudanças com facilidade e testar novos métodos sem prejuízo ou transtornos.

Descobrir os meandros de sua mente e aprender a ter boa vontade consigo mesmo é, simplesmente, praticar a conexão com as pessoas à sua volta, tanto novos conhecidos quanto velhos amigos. Assim, esse processo não trata apenas de se tornar proficiente nos doshas expressos em você mas também de descobrir como os doshas estão representados nas outras pessoas. Desenvolver essa habilidade facilita perceber os momentos em que seus entes queridos precisam de um apoio a mais e como seus superpoderes podem ser úteis, ou quando buscar ajuda de outras pessoas.

Ainda que este capítulo possa ser útil como uma ferramenta abrangente para interações que você tenha em qualquer momento, ele é vantajoso sobretudo quando se considera as pessoas que têm papéis importantes na sua vida. Reflita sobre as diferentes pessoas com quem você tem vínculos no dia a dia. Como vimos ao longo da Parte 3, algumas pessoas dão bons parceiros de dança (metaforicamente), e outras estão sempre pisando em nossos pés (ou vice-versa). Não é possível construir um mundo apenas com seus doshas ideais; entender o valor exclusivo de cada um — assim como sentir alegria em todas as estações do ano — vai melhorar o relacionamento não somente com os outros mas consigo mesmo também.

Quanto a apoiar outras pessoas, tenha em mente que a ideia é respeitar as vulnerabilidades delas e oferecer auxílio quando necessário, sem causar desequilíbrio em si mesmo. Quando o assunto é ser mais sensível com os outros e reconhecer em que ponto do caminho do autoconhecimento eles estão, como suas próprias qualidades podem ser úteis e onde você pode estar mais consciente da verificação de seu lado sombra? Oferecer compaixão só será útil e saudável se você conseguir manter seus limites e evitar se sacrificar à custa das próprias necessidades. Estar disposto a ceder só vale quando isso não atrapalha sua estabilidade nem o faz desabar. A dica é cuidar dos outros no espírito do apoio genuíno, não apenas da tolerância. Ter energia para apoiar outras pessoas significa estar bem e energizado mental e fisicamente; não se pode ajudar os outros a terem sucesso se você mesmo não o tem.

ESTUDO INDIVIDUAL

AUXILIANDO OUTRAS PESSOAS

Há pouquíssimas coisas, se é que existem, que podemos fazer sem a ajuda de outras pessoas. A conexão humana é um componente essencial da saúde, e fazer parte de uma relação, família ou comunidade requer ajudar outras pessoas quando elas precisam de apoio. Quais sinais seus amigos, colegas de trabalho e entes queridos mostram quando têm dificuldade e precisam de ajuda? Como você os auxilia? Que tipo de apoio você gosta de receber dos outros? Quem lhe dá apoio, e como?

Como Vatas têm sucesso

Crie e Conserve

Ter capacidade criativa e exploratória é necessário para o vata, mas, sem estrutura para conservá-las, há risco de a energia física e mental ficar tão difusa e dispersa que ela se esgota. Portanto, ainda que a criatividade seja essencial e não deva ser negligenciada, ela não pode existir sem as âncoras, delimitadores e marcos diários que aterram o vata. Isso pode acontecer em forma de agenda — que não seja rígida ou restrita demais: por exemplo, uma agenda relacionada a trabalho ou vida profissional que tenha um *timing* consistente com práticas de saúde e autocuidado já estabelecidas. Para alguns, pode ser definir horários para comer e ir para a cama, e cumpri-los o máximo possível; para outros, pode ser comprometer-se com rotinas matinais e noturnas consistentes para ajudá-los a ter a sensação consciente do início e do fim de um dia. Instituir rotinas pode enviar uma mensagem ao corpo para que ele permaneça em sincronia com seus próprios ritmos naturais.

Agendas são uma das coisas menos atrativas para os vatas (só a palavra já é capaz de causar espasmos no corpo deles), mas, na verdade, elas podem dar espaço à espontaneidade, uma das coisas que mais atraem esse dosha. Quando vatas separam os inegociáveis e os absolutos entre os dias de forma segura, o tempo livre deles se destaca com clareza. Isso significa menos decisões a se tomar sobre o uso do tempo, e há menos chance de eles passarem por estresse por fazerem as coisas aos quarenta e cinco do segundo tempo (ou lidarem com as consequências de não tê-las feito)!

Apoiando o Vata

Se você não é vata, há maneiras de ajudar um amigo, colega de trabalho desse dosha em seu processo de aprender a criar e conservar. Dê um desconto se ele(a) chegar tarde, esquecer compromissos ou perder o rumo das coisas. Não é necessário garantir passe livre, mas entender que eles não são feitos para planejar e organizar é um apoio em si e por si mesmo. Acrescente um tempinho extra ao marcar encontros com eles, já que você conhece a dificuldade deles para chegar a tempo. Dê a eles lembretes tranquilos e gentis para mantê-los na linha: "Vejo você mais tarde"; "Até amanhã às dez, horário de nosso encontro"; "Vi suas chaves na bancada, então você sabe onde elas estão quando estiver pronto para sair". E, por fim, tente não sobrecarregar sua mente ocupada com detalhes ou decisões excessivas ou tentá-los com um excesso de opções ou oportunidades.

Olhe Antes de Saltar

O mais impulsivo dos doshas, vatas precisam manter sob controle sua atração por todas as coisas novas e diferentes. Mesmo que necessitem de um senso constante de renovação e mudança para se sentirem plenos, a incapacidade de parar e distinguir o que não passa de mera distração ou tentação e o que vale a pena ser perseguido pode resultar em projetos inacabados, falta de comprometimento em relações e uma diminuição do senso geral de direção na vida.

Não se distrair com toda oportunidade reluzente (objeto brilhante!) pode dar a sensação de trabalho em andamento para vatas; não obstante, ainda é importante que esse dosha pratique a paciência e a discrição. Uma forma de fazer isso é manter "um diário de ideias", uma vez que vatas são famosos por sonhar grande e com frequência. Anotar pensamentos relacionados a novos projetos e aventuras pode ser feito todos os dias. A cada mês ou semana eles podem ser revistos, a fim de decidir quais vale a pena ser implementados e quais não passaram de ideias momentâneas para determinado fim. Isso pode liberar um pouco do falatório mental e evitar que o vata entre de cabeça em algo de maneira muito precipitada. Outro método seria deixar a empolgação e as aventuras para áreas específicas da vida. Por exemplo, procurar novidades ou emoções em uma carreira, lar ou relacionamento pode não ser tão saudável quanto procurá-las em outras opções, como pintar a cozinha de uma cor nova ou tirar férias.

Apoiando o Vata

Para ser a voz de apoio e razão para o vata, você precisa entender que essa necessidade de mudanças e novidades na vida faz que ele se sinta genuíno. Em vez de desencorajá-las por inteiro, concorde com certas coisas que ele diz. Deixe-o conversar com você sobre as próprias ideias. Faça perguntas que o ajudem a fazer a escolha mais sensata e a refletir sobre momentos de sua vida em que a mudança foi boa mas também quando tomar decisões no calor do momento o deixou à deriva — discuta sobre a real necessidade de uma mudança. E, como parte do apoio prudente à impulsividade desse dosha, não deixe de lhe perguntar o que ele quer que você faça quando de fato se jogar de cabeça em algo novo. Ajude-o a pesar prós e contras de permanecer no emprego atual ou assumir um novo cargo, mas descubra também do que ele precisa quando começa a trabalhar para uma empresa diferente. Converse sobre como pode ser o término de dez anos de relacionamento, mas pergunte como você pode ajudar quando ele tomar uma atitude.

Mobilizar para Estabilizar

O superpoder do vata — movimento físico — pode ser um aliado no aterramento e em permanecer focado, mas, como muitas coisas de que o vata precisa para se equilibrar (como criatividade e mudança), o excesso pode fazê-lo se sentir desequilibrado. Sua chave para esse superpoder é saber como e quando colocá-lo em ação.

A principal deixa do vata para se movimentar é experienciar uma mente hiperativa ou inquieta. E, embora nem sempre seja previsível, a sensação ansiosa familiar muitas vezes segue um padrão — talvez ocorra após uma tentativa de focar por um período prolongado, ficar muito tempo sentado ou no meio da tarde, quando a maioria das pessoas faz uma pausa. Portanto, mesmo que o vata pudesse apenas esperar chegar a oportunidade para o foco, faz o mesmo sentido (ou até mais) antecedê-lo com pausas planejadas de movimento. E, quando chegar o momento, considerar o tipo de movimento que trará equilíbrio ou será capaz de contrapor o que se está sentindo. Se o vata está com pensamentos rápidos e fugazes, ele deve tentar movimentos lentos e metódicos, como caminhada, ioga ou qigong. Se é ruminação ou preocupações, ele pode ser mais literal no aterramento; tentando levantar peso ou fazendo alongamentos sentado ou deitado no chão ou na grama.

Apoiando o Vata

Como confidente do vata, provavelmente você não vai precisar lembrá-lo de se movimentar, mas talvez tenha de incentivá-lo a fazer o oposto: desacelerar e buscar conforto na quietude. Você pode inferir que a mente dele está se movendo à velocidade de um arpão por meio do olhar penetrante, da fala acelerada ou da necessidade de se mexer. Mas pedir a um vata que pare de se movimentar por completo seria desesperador para ele e poderia causar mais ansiedade do que calma, portanto, não há necessidade de mandá-lo se sentar ou sossegar. Em vez disso, reaja a seus sinais sendo uma presença segura e calma. Conscientize-se de sua própria respiração e trejeitos, desacelerando a respiração e cravando os pés no chão ou na terra — focando como seus pés se conectam com o estável elemento terra. É fácil ser pego pela energia do vata, já que ela pode ser instigante e contagiosa, mas, para esse dosha, movimento gera movimento. Você será mais útil para ele e para si mesmo se conseguir se manter aterrado em meio a esse redemoinho.

Como Pittas Têm Sucesso

Acalmar e Compartilhar

Muitas das qualidades que se sobressaem no pitta, como acuidade mental, habilidades de liderança e direcionamento, alinham-se diretamente à mordacidade dele. Esse atributo é necessário para os pittas sentirem que continuam na jogada e na própria zona de conforto, mas pode vir com uma intensidade passível de intimidar e afastar as outras pessoas. A mordacidade do pitta dá o tom dos extremos, em que só há espaço para o certo e o errado, o preto e o branco, e cria uma rigidez que pode prejudicar seu bem-estar e o das pessoas ao redor. Quando pittas se acalmam, eles descobrem que é mais fácil manter a tranquilidade e a conexão com os outros.

Para os pittas, é útil lembrar que há mais de um caminho; assim como a água, é possível ser forte e suave. Planejamento, organização e metas em hiperfoco podem aprisionar um pitta, e ele acaba fazendo muitos sacrifícios em busca da perfeição. Quando essa busca começa a acontecer, a intensidade pode se acumular. Mas, se o pitta se acalma ao expressar emoções e vulnerabilidades — algo que, via de regra, ele considera fraqueza —, ele pode se poupar de muita dor de cabeça. Estar disposto a ser vulnerável, sobretudo na frente dos outros, lembra-o de sua condição humana. Isso o ajuda a ter expectativas realistas, evita forçar a barra em excesso e o torna mais acessível e relacionável.

Apoiando o Pitta

Quando você notar que um amigo, colega ou companheiro pitta está ficando mais afiado que uma lâmina, pode apoiá-lo fazendo as vezes de uma terra suave para ele pousar. Em vez de ser engolido por sua intensidade — tentando corresponder a expectativas irreais dele a seu respeito ou dando abertura ao diálogo negativo que irrompe quando ele está frustrado —, mantenha a calma e deixe transparecer suas próprias vulnerabilidades. Conte uma história sobre um momento em que você precisou pedir ajuda, revelar um erro cometido, ou comentar algum vício ou mau hábito que está tentando parar. Disponha-se a deixar suas emoções transparecerem — chorando de tristeza ou de alegria. Abrir-se com um pitta dessa maneira cria um clima de solidariedade, a fim de que ele se sinta seguro para fazer o mesmo. O apoio genuinamente atento e cuidadoso pode ser a necessidade exata para adocicar o apimentado pitta.

Lidere e Ouça

Já que pittas são tão seguros das próprias habilidades e capacidades, pode ser difícil atingir o equilíbrio entre assumir a liderança e incluir ideias, pensamentos e sentimentos de outras pessoas. Em muitos casos, pittas querem as coisas feitas do jeito deles, e não confiam muito nos outros para fazer a coisa certa. Em nível elemental, essa iniciativa faz aumentar o fogo e o calor. Em termos práticos, ela os isola das outras pessoas, já que não é desejável estar perto de alguém que não bota fé em você. Não é uma boa ideia destituir pittas de suas funções de liderança, uma vez que esses papéis alimentam sua alma, mas pittas podem impedir o acúmulo de calor e se manterem numa boa situação se ouvirem e liderarem ao mesmo tempo.

Ouvir significa entrar em sintonia com os outros, além de cultivar autoconsciência. Quando pittas se sentem frustrados, irritados ou críticos com um chefe, funcionário, parceiro ou familiar, muitas vezes a fonte é algo que não está dando certo na própria vida. Quando não estão cientes disso, pode ser fácil colocar a culpa em outra pessoa, apenas perpetuando o ciclo da desconfiança. Perceber que estão revoltados por conta de coisas pessoais é um processo que requer paciência, boa vontade e mente aberta. Pittas devem ser capazes de refletir sobre suas emoções e interações passadas de maneira objetiva, observando quando sua raiva define um tom que torna ainda mais desafiador ter conversas difíceis com a mente clara ou aceitar resultados que não o favorecem. Quando enxergam isso como um padrão, fica mais fácil reconhecer quando é possível acontecer de novo, a fim de conseguirem fazer uma pausa antes de falar ou se retirar totalmente da situação para desanuviar. E, quando pittas param para se ouvir, fica mais fácil de eles estarem disponíveis mental e emocionalmente para outras pessoas — o que permite que todos aprendam e cresçam. Funcionários do pitta se sentirão empoderados; os entes queridos, vistos; e os próprios pittas perceberão que é mais viável trabalhar com as pessoas do que contra elas.

Apoiando Pitta

Para quem não se identifica com o dosha pitta, mas o percebe bem marcante em um colega ou um amigo, considere anuir com sua vontade de liderar de uma forma que resulte em mais confiança para você. Em primeiríssimo lugar, isso acontece com autoconhecimento e autoconfiança. Quanto mais você conhecer as próprias habilidades e melhor comunicar suas necessidades, mais à vontade os pittas se sentirão para delegar a você responsabilidades de todos os portes. Sua confiança será outra, mas, mesmo assim, você talvez ainda descubra que seu chefe ou parceiro pitta não está aberto a ouvir suas opiniões ou sugestões. Na maioria das vezes, pittas ficam tão entusiasmados com as próprias ideias que não consideram as dos outros, portanto, talvez você tenha de levá-los a achar que uma boa ideia sua na verdade foi deles. Comece plantando a semente, depois, ajude-os a imaginá-la e a conectar-se com ela em um nível pessoal. A intenção não é ser manipulador nem abrir mão, de forma alguma, da propriedade intelectual de suas ideias, mas pode ser um bom primeiro passo para ajudar os pittas a se abrirem a novas ideias (que não sejam deles).

Seja Produtivo, Mas Divertido

Embora não percebam, pittas valem mais que seu diploma ou salário e são amados por muito mais coisas que seu sucesso. Ainda que incentivar a produtividade ajude a reforçar sua paixão e seu direcionamento inatos, pittas também precisam se divertir — mas não do jeito "trabalhe duro, divirta-se mais ainda". Pittas não devem levar as coisas ao extremo; pelo contrário, podem lidar com uma lista de tarefas enquanto tiram momentos para relaxar e também podem lançar mão de abordagens mais divertidas em coisas produtivas.

Ainda que não consigam encontrar equilíbrio adicionando partes iguais de trabalho e diversão, eles podem encontrá-lo reservando um tempo diário ou semanal para momentos "não produtivos" ou "livres de metas". São momentos puramente divertidos ou coisas também consideradas "frívolas". A expectativa é que os pittas gaguejem e hesitem só de ouvir isso, ou, se parecem abertos, eles podem começar a planejar o que fazer no tempo livre. Em vez disso, eles devem escolher fazer o que pareça divertido e gratificante no momento, sem planos ou expectativas — contanto que não seja trabalhar.

Apoiando o Pitta

Você pode ajudar o pitta planejando com ele um dia da diversão. Tente não fazer atividades competitivas ou nada que possa levá-lo a tentar medir progressos — como se voluntariar em um evento de caridade, sair para caminhar, visitar um pomar para colher maçãs ou assar biscoitos juntos. Qualquer que seja seu convite, tente chamar a atenção dele para o processo e a experiência, não para o produto final. Se deixados pela própria conta e risco, pittas vão querer ser produtivos em tudo que fizerem. Esteja ciente de que eles ainda podem descobrir o próprio jeito de unir uma meta a alguma atividade (como levantar a maior quantia de dinheiro, caminhar mais depressa, colher mais maçãs, ou fazer biscoitos do mesmo tamanho ou decorá-los com maior perfeição), mas, com sua ajuda, eles aprenderão a incorporar como o lazer e a diversão os revigoram e recarregam. Talvez até percebam que mais diversão os ajuda a reduzir o estresse e, no fim, ser mais produtivos.

Como Kaphas Têm Sucesso

Mudar com Rotina

Enquanto pittas adoram ter uma rotina, kaphas *são* a rotina. Seu amor por consistência e conforto torna o conteúdo de seus dias muito padronizados — o que seria monótono para outros pode ser o paraíso para um kapha. Isso é bom e faz bem, já que ter uma rotina garante que nossos dias terão formato e ritmo, como os ciclos da natureza. Mas os kaphas não são lá muito ávidos por mudanças se, ou quando, percebem que sua rotina está bem ajustada. Assim, em vez de a rotina ser um caminho saudável para eles, ela se torna um sulco profundo que os arrasta para um estado de desequilíbrio.

Kaphas podem desfrutar do conforto e da consistência de que precisam para manter o equilíbrio e ao mesmo tempo movimentar as coisas o suficiente para manter uma trajetória retilínea. Isso pode ser feito definindo momentos periódicos de autoavaliação a fim de verificar como estão se sentindo, reafirmar sua direção na vida e considerar se sua rotina está fazendo tudo o que pode para o bem-estar próprio. Já que nossas necessidades mudam durante diferentes estações e fases da vida, e a mudança previsível é mais fácil de lidar, essas mudanças de rotina podem se encaixar muito bem para o invariável kapha.

Apoiando o Kapha

Considerando que kaphas são o dosha que mais gosta de fazer as coisas no próprio tempo, é importante estar disponível quando eles estiverem prontos para pedir ajuda. Se você forçar um kapha, encontrará grande resistência, cujo resultado frequente é a inação ou o oposto do que se esperava obter. Portanto, em vez de obrigá-los a tomar atitude, busque sinais de disposição neles (por exemplo, priorizar exercícios, pesquisar alimentos saudáveis, participar de um grupo de apoio, pedir recomendações de terapeutas). Se eles não são de pedir ajuda direta, você pode perguntar qual a melhor maneira de apoiá-los ou de ser um parceiro incentivador. Independentemente de você estar dando gritos de incentivo na lateral ou ficar junto com ele como colega de equipe, o kapha não quer decepcioná-lo. Fazer mudanças em uma rotina definida pode ser um processo muito pessoal, mas ainda há espaço para a ajuda de amigos.

Dar e Receber

A disposição do kapha de acolher e cuidar os coloca em primeiro lugar entre os doadores, mas, como estão acostumados a dar e têm muito menos prática em receber, eles podem ter dificuldade para aceitar quando a gentileza deles é retribuída. O pesado elemento terra confere aos kaphas uma plenitude que outros doshas não possuem, mas mesmo eles precisam se reabastecer. Dar mais do que receber pode fazê-los se sentirem vazios e levá-los a negligenciar o autocuidado, acabando por esgotar as reservas de energia que eles usam para cuidar de si e dos outros.

Receber exige prática. Para quem está acostumado a dizer não quando se oferece ajuda ou não se sente merecedor quando ganha algo especial, aprender a ser receptivo a coisas menores pode ajudar. Eles podem considerar aceitar elogios com confiança ou começar um diário de gratidão, anotando pelo menos uma coisa pela qual são gratos a cada dia. E o amoroso kapha, que quer todo mundo feliz ao seu redor, precisa lembrar que as pessoas gostam de ajudar — e ser receptivo a essa ajuda pode, na verdade, fazê-lo se sentir melhor.

Apoiando o Kapha

Se você conhece um kapha que tem dificuldade para receber, a melhor coisa que pode fazer é continuar oferecendo — eles não podem praticar a receptividade sem você! Assim como eles estão começando com pouco, faça o mesmo, elogiando-o com sinceridade ou oferecendo atos aleatórios de gentileza. Escreva e envie a ele uma carta ou um cartão, faça biscoitos, dê a ele flores recém-colhidas de seu jardim, ou diga como ele é inteligente e o quanto você admira a paciência dele. Você também pode tentar retribuir o que ele oferece e ser um receptor-modelo quando receber alguma coisa dele — garantindo demonstrar gratidão e valorização. Isso dá ao kapha oportunidades para receber com graça e, como bônus, vocês construirão um relacionamento mais forte no processo.

Motivar e Circular

As características lentas e estáticas inerentes ao kapha o mantêm aterrado (e às pessoas ao redor) em nosso mundo hiperatribulado e hiperativo, mas esse dosha não possui o elemento fogo que fornece a centelha para fazê-lo se movimentar, e é a coisa mais fácil do mundo ele estagnar. Ademais, ele se sente bem à vontade parado, portanto, inércia gera inércia. Assim, para ter saúde e equilíbrio, é importante que o kapha se movimente.

No nível mais básico, exercícios são a chave para os kaphas. Mexer o corpo não apenas aumenta a circulação do organismo, como também libera a estagnação da mente permitindo tempo para o processamento mental. Kaphas gostam de exercícios (muito embora, na maioria das vezes, é preciso usar truques para que eles se exercitem) quando percebem que eles os fazem se sentir melhores. Logo, uma vez que começam e os incorporam à rotina, via de regra eles continuam se exercitando. A parte complicada é não deixar a peteca cair e, para isso, é preciso começar com incrementos pequenos e acessíveis — caminhar algumas quadras ou se alongar por dez minutos, e aumentar a partir daí. A ideia de fazer coisas maiores pode ser assustadora demais e levá-los a tomar uma decisão contrária antes mesmo de dar uma chance.

Apoiando o Kapha

Como companheiro ou confidente do kapha, pense em você mesmo como um(a) líder de torcida. Dê a ele uma palavra motivacional quando ele estiver pronto para entrar em ação e aplauda a cada pequena meta vencida. Recompense-o com alguma coisa que lhe dê conforto — como uma refeição caseira ou um encontro para um café. Você também pode motivá-lo juntando-se a ele nas empreitadas. Acompanhe-o em uma aula de musculação ou caminhada, mas sempre o deixe escolher as atividades e definir o ritmo. A última coisa que você vai querer é desanimá-lo ou intimidá-lo. Mesmo que seu objetivo seja fornecer, com estímulo e motivação, um pouco do fogo que ele não tem, lembre-se de que sua tarefa é incentivar, e não dizer o que fazer.

Como Vata-Pittas Têm Sucesso

Resolver com Resistência

Ter sucesso em emergências, vata-pittas são rápidos para agir com clareza e eficácia. É a eles que recorremos quando buscamos respostas prontas e soluções rápidas para problemas graves. E, do mesmo jeito que recorremos a eles, vata-pittas também precisam estar disponíveis nessas situações para florescer e se sentirem plenos. Mas esse dosha foi feito para a velocidade, não para a constância, e a energia física e mental dispendida em crises e emergências tem vida curta. Sem saber disso, eles podem se descobrir numa condição de esgotamento e sentir como se uma rajada forte de vento tivesse apagado seu fogo.

Conseguir resolver as coisas com resistência envolve ritmo e visão de como é enxergar um projeto até o fim. O afiado e veloz vata-pitta adora a empolgação de começar algo novo e pode obter a mesma onda de adrenalina em fases iniciais de projetos do que ao gerenciar emergências. Mas nem tudo é emergência, portanto, é essencial ter uma ideia dos passos, do tempo e dos recursos necessários para manter ou finalizar, em vez de já começar a todo vapor. Para vata-pittas, pode ser útil fazer um planejamento para consultar quando se deve cogitar acrescentar mais uma coisa ao cronograma. Isso pode ser de grande valia se os compromissos e o tempo necessários para alocar responsabilidades estiverem destacados com clareza ou codificados por cor, a fim de proporcionar representações visuais de como eles já estão atribulados. E, mesmo com esse planejamento a tiracolo, eles ainda podem praticar, dizendo "vou dar uma olhada na minha agenda" antes de se comprometerem. Dessa forma, haverá mudanças a contemplar se eles têm ou não tempo e energia para outro clube de leitura, tarefa no trabalho, comitê, programa de musculação ou encontro com algum amigo — tudo isso são coisas em que um vata-pitta pode se envolver e só depois se perceber fazendo malabarismos para lidar com tudo de uma só vez.

Apoiando o Vata-Pitta

Para o vata-pitta de sua vida que tem tenacidade, mas pouca persistência, pense em si mesmo como um ponto de auxílio em uma maratona e nele como o corredor. Ele se comprometeu com a corrida e vai dar seu melhor, mas precisa fazer paradas para que você dê a ele uma bebida com eletrólitos ou um curativo. Talvez ele não saiba se ou quando precisará de seu apoio, mas, se você o conhecer bem, pode conseguir prever do que ele vai precisar e quando, o que o ajuda a colocar os pontos de auxílio nos lugares certos. Já que, via de regra, são projetos de trabalho e obrigações familiares que sobrecarregam a agenda dele, é mais provável que ele foque as responsabilidades do que as necessidades básicas — e é exatamente aí que você entra. Defina com ele um horário para refeições ou entregas de supermercado, ou combine um encontro para resolver certas coisas. Você também deve reconhecer que, por mais que vata-pittas precisem de pausas para recarregar, talvez não seja hora de convidá-los para almoçar ou para um evento especial, sobretudo sabendo que eles não vão querer perder e terão dificuldade de dizer não.

Escolha sua Própria Felicidade

Vata-pittas são conhecidos por questionar o próprio valor e recorrer a fontes externas como forma de autovalidação. Eles depositam expectativas altas em si mesmos e são muito conscientes das ideias e opiniões alheias. Autoconsciência e consciência de outras pessoas são qualidades maravilhosas, já que podem promover crescimento pessoal e sensibilidade para com os outros. No entanto, quando fazem alguém questionar as próprias habilidades ou moldar o comportamento, sobretudo com base em percepções, elas podem inibir a felicidade e não serem saudáveis. Esse é um risco real para o vata-pitta, que pode ter escassez de confiança e buscar aprovação alheia.

Para combater essa tendência, vata-pittas precisam fazer o que os deixa felizes, não o que acham que devem fazer para ser felizes. Eles têm de acreditar em si mesmos de dentro para fora — sentir por dentro a validação externa que recebem. Isso pode ser feito com um simples questionamento interno antes de tomar decisões (aceitar uma proposta de trabalho, dizer sim a um encontro, ou até decidir o que vestir de manhã) e perguntando-se para quem estão tomando a decisão, se a decisão é autêntica e se lhes trará alegria. Outras pessoas já confiam neles, mas vata-pittas precisam aprender a confiar em si mesmos.

Apoiando o Vata-Pitta

Para reforçar as decisões do vata-pitta em se alinhar com a própria felicidade, seja persistente ao dar sua opinião e sempre lhe dê espaço para decidir. Eles pesam demais o que você pensa, faz e fala, portanto, mesmo que não esteja ciente disso, de certa forma você os influencia. Pode ser numa escala menor, variando de comentários que você faz sobre um filme a que assistiu ou um livro que leu, ou maior, como o que acha de certas pessoas ou de uma empresa na qual está pensando em trabalhar. Vata-pittas vão querer ver o filme de que você gostou e evitar o livro do qual não gostou (ou vão lê-lo, mas não contarão que fizeram isso). Ficarão hesitantes para encontrar a pessoa com quem você não se deu bem e aceitarão o trabalho na empresa que você adorou. Eles têm, sim, opinião própria, mas, por valorizarem você, talvez seu papel nas decisões deles pese mais do que você imagina. Tenha isso em mente e tome cuidado quando seus amigos vata-pittas estiverem tomando decisões: em vez de dizer o que pensa, faça perguntas e afirmações para muni-los a fazer escolhas por meio de sabedoria e direção próprias.

Permaneça Aterrado em suas Expectativas

Vata-pittas sonham grande e têm fortes intenções de atingir objetivos. Todos nós deveríamos conhecer a noção de que o céu é o limite, mas também manter os pés no chão enquanto tentamos alcançar as estrelas. Por ter muito pouco elemento terra, o vata-pitta acha difícil aterrar. Como tal, eles definem metas inatingíveis e expectativas altas demais para eles mesmos ou para outras pessoas atenderem.

Para um vata-pitta permanecer aterrado nas expectativas, ele precisa estar disposto a ver e aceitar todos os resultados. Se não conseguir ver outro resultado que não o ideal com que ele sonha, provavelmente terá uma decepção. Aquietar-se e imaginar todos os cenários possíveis, e como eles o fazem se sentir, pode ajudá-lo a esperar pelo melhor e, ao mesmo tempo, sentir-se à vontade com o menos ideal (Como ele vai se sentir se não conseguir a promoção que está buscando? Qual será a sensação se o voo atrasar e ele perder o casamento do melhor amigo? Quais emoções podem vir à tona se a oferta que eles fizeram pela casa não for aceita?). Além disso, é crucial vata-pittas ficarem de olho no presente e no passado — uma vez que o futuro tende a estar onde a mente deles vive. Práticas de *mindfulness*, especialmente exercícios de respiração, são ferramentas excepcionais para manter a mente no momento presente. Uma prática simples de três minutos de sentar-se com os olhos fechados e inspirar contando até quatro, depois, expirar contando até quatro, pode ser precioso. Ficar no presente ajudará a aliviar a ansiedade sobre o que está por vir e refletir sobre o passado lhes trará o *insight* sobre o que já aconteceu para chegarem aonde estão hoje.

Apoiando o Vata-Pitta

Prometa pouco e cumpra muito a seus amigos e familiares vata-pittas, já que é fácil eles criarem expectativas altas. A antecipação típica desse dosha até pode ser uma mera manifestação mental, mas, para eles, o que antecipam é muito real. Ao fazer planos com vata-pittas, inclua detalhes para evitar que preencham as lacunas com a própria imaginação. O jantar que você planejou pode ser idílico e romântico na cabeça deles; enquanto isso, você pretende levá-los a um restaurante local onde a música é tão alta que não é possível ter uma conversa particular. Inclua um plano B para que o vata-pitta saiba que há uma chance de mudança e como isso pode afetá-lo, mesmo que seja relacionada ao filme que vocês verão se não for possível conseguir ingressos para o que vocês dois estão mais ansiosos para assistir. E, o mais importante, não se ofereça para assumir um compromisso se você não tiver certeza de que pode ou não cumpri-lo, mesmo que seja pensando alto ou mencionando a ideia *en passant*. Ele vai se lembrar de que você disse que queria tomar café no fim de semana e abrir um espaço na agenda para poder encontrá-lo. Sim, ele ainda precisa trabalhar para ter expectativas realistas, mas você também precisa fazer sua parte. Mantenha a palavra e deixe claras as suas intenções.

Como Pittas-Kaphas Têm Sucesso

Solte

Como lembrete, é bom dizer que os pitta-kaphas estão do lado interno do *continuum*. Eles guardam pensamentos, emoções e necessidades para si, o que os torna pessoas respeitosas e contemplativas. Entretanto, quando retêm as coisas por tempo demais em vez de verbalizar suas necessidades ou processar as situações de outra forma, sentimentos se acumulam, a pressão sobe e segue-se uma erupção. Para ficarem equilibrados, pitta-kaphas precisam se soltar.

Para quem não está habituado a compartilhar monólogos internos, fazer um diário é a opção perfeita e um primeiro passo excelente rumo a abrir as linhas de comunicação com outras pessoas. Essa pode ser uma prática comum, um tempo separado em que se pode colocar no papel os pensamentos do dia. Ou, talvez, uma prática mais específica, como escrever sobre um assunto recorrente com um amigo ou sobre um evento emocional cuja poeira ainda não baixou. Independentemente do tópico, vivenciar o processamento de emoções por meio do diário pode acabar tornando mais natural e comum a experiência de compartilhar e se abrir com os outros.

Apoiando Pitta-Kaphas

Sua receptividade ao ouvir pitta-kaphas pode ser um fator importante para fazê-los decidir verbalizar as próprias necessidades e emoções. Por levar tempo até eles construírem a confiança, você precisa ser firme, mas não insistente. Espere até que eles se abram em relação ao divórcio em vez de falar para desabafarem, ou diga, simplesmente, que está disposto a ouvir quando, mais cedo ou mais tarde, eles estiverem prontos para falar a respeito. Fique disponível para eles e dê-lhes tempo para iniciar uma conversa — não é necessário ficar sondando ou insistindo. Quando eles finalmente se abrirem, ouça sem julgar, para que eles se sintam incentivados a continuar falando. Mantenha contato visual, acene com a cabeça e dê *feedback* verbal ou não verbal para que eles saibam que você está prestando atenção. Eles optaram por se abrir porque confiam em você, mas não vão continuar se sentirem que você está fazendo pouco-caso.

Permaneça Focado, Mas Enxergue o Panorama Geral

Pitta-kaphas passam muito tempo ensimesmados, fazendo pesquisas sobre seu trabalho ou mergulhando a fundo em tópicos de interesse pessoal. Isso é bom e faz bem, até que sua visão vire um túnel e eles passem tanto tempo nesse ato que se esquecem de olhar para cima e enxergar as outras coisas. Em certos aspectos, é de se esperar, uma vez que eles possuem quantidades mínimas dos expansivos elementos ar e éter, mas conseguir focar e ter visão panorâmica é importante para manter o equilíbrio.

Embora pitta-kaphas prefiram coisas profundas, seria uma prática saudável participar, vez ou outra, de algo em que apenas arranhem a superfície, como fazer as vezes de anfitrião em uma atividade ou evento de um amigo — pontos extras se eles não pesquisarem a respeito da atividade com antecedência. Sair da zona de conforto para expandir horizontes os torna mais adaptáveis e gera entusiasmo por coisas novas. Atividades novas e compromissos de curto prazo podem equilibrar o pitta-kapha, já que via de regra essas coisas são associadas aos elementos ar e éter, dos quais esse dosha possui muito pouco. Ao mesmo tempo, não ter atividade ou compromisso algum também pode equilibrar! É visível pitta-kaphas ficarem tão soterrados de trabalho que não prestam atenção aos sinais que seu corpo e sua mente dão de cansaço. É fácil demais eles continuarem na lida sem descansar, portanto, é bom fazer pausas durante o expediente e reservar um fim de semana inteiro para relaxar.

Apoiando o Pitta-Kapha

Se você conhece um pitta-kapha suscetível a se ensimesmar com projetos ou se soterrar de trabalho, descubra meios de ser a fonte incentivadora e energética que pode tirá-lo da zona de conforto e fazê-lo voltar a focar o próprio bem-estar. Como amigo, você tem vantagem, pois faz parte de um pequeno grupo seleto a quem esse dosha vai dar ouvidos e em quem vai confiar. Pergunte como ele está se sentindo, se reservou um tempo para cuidar de si e se suas necessidades estão sendo atendidas. Ele o respeita e será sério nas respostas. E, mesmo que certamente você não queira apressá-lo, obrigá-lo ou forçá-lo, se fizer um simples convite para participar de alguma coisa ao seu lado que o ajude a desanuviar ou lhe der um leve puxão de orelha para que ele tire mais tempo para si, é provável que o pitta-kapha aceite e tome uma atitude. Respeite sua necessidade de focar, mas incentive-o a ser expansivo e a dar ênfase à saúde também.

Mantenha Limites sem Fechar Portas

Pitta-kaphas são algumas das pessoas mais leais e dedicadas do mundo mas também reservadas e seletivas. Portanto, embora essas qualidades os tornem excelentes companhias, pitta-kaphas podem ser difíceis de conhecer. Para eles, é autêntico dançar conforme a própria música e fazer pesquisas quando se trata de algo novo (eles também tratarão as pessoas com a devida diligência), mas isso pode parecer estranho ou frio para quem ainda não sabe que eles são assim.

Seus instintos são fortes e, na maioria das vezes, apurados, mas é essencial que os pitta-kaphas se abram a outras pessoas e estejam cientes de que essas tendências podem torná-los desinteressantes. Mesmo que não finjam (provavelmente não conseguiriam, se tentassem), eles devem saber como as outras pessoas podem interpretar os encontros. Uma forma de praticar a abertura e construir novos relacionamentos, ao mesmo tempo permanecendo autêntico a seu eu pitta-kapha, é um "encontro mensal com um novo amigo". Na data combinada, ele vai contatar alguém que conheça e de que goste da companhia como uma oportunidade de conhecer melhor essa pessoa. Pode ser um café ou um almoço, ou um evento curto com início e fim predefinidos, a fim de manter os compromissos no nível mínimo e ao mesmo tempo proporcionar uma chance para criar vínculos.

Apoiando o Pitta-Kapha

Pitta-kaphas anseiam por conversas sinceras e significativas, e ter isso em mente quando você interage com eles pode ser um caminho rápido para ganhar a confiança deles. Eles levam suas ações e palavras ao pé da letra, mesmo quando são de brincadeira, e farão você cumprir suas promessas. É improvável que eles demonstrem muito interesse em falar sobre o clima, trânsito ou outros tópicos que são frequentemente usados para preencher um espaço silencioso e constrangedor, mas isso não significa que eles não estejam interessados em você. Seja você mesmo, mas lembre-se de que pode levar muito tempo para se conhecer um pitta-kapha. Dê a eles tempo, seja persistente e consistente. Saber disso de antemão ajudará a evitar mal-entendidos e a criar relacionamentos honestos e duradouros.

Como Vata-Kaphas Têm Sucesso

Tome a Iniciativa e Estimule

Sabemos que vata-kaphas ficam à vontade no assento do passageiro — eles preferem acompanhar a viagem a assumir o leme ou o volante. Fazer companhia é seu ponto forte, em parte porque sua natureza aérea e terrena lhes permite seguir o fluxo, e em parte porque seu elemento fogo é ínfimo demais para atiçar algum desejo por liderança. Mas precisamos nos lembrar de que o fogo não está ausente por completo nesse dosha (e em qualquer pessoa), e reconhecer de vez em quando sua chama interna, e recorrer a ela, é necessário para que ele permaneça equilibrado.

Não é exatamente crucial que vata-kaphas consigam liderar outras pessoas tanto quanto o é talhar o próprio caminho. Uma forma de trabalharem esse aspecto é designar um dia ou uma noite por semana para fazer uma atividade sozinhos — pontos extras se for algo que eles nunca fizeram antes. Tomar essa iniciativa os ajudará a descobrir suas próprias paixões e, ao mesmo tempo, dará espaço para apoiarem outras pessoas.

Apoiando o Vata-Kapha

Tomar todas as decisões seria pressionar demais seu companheiro vata-kapha, mas pedir a ele que faça escolhas ou tome a decisão final pode ser a coisa certa para ativar sua chama. Peça-lhe que diga o nome de alguns filmes que ele tem interesse em ver, assim, você pode escolher para qual deles vai comprar ingressos. Ou dê duas opções de restaurantes, mas faça-o bater o martelo quando for reservar um ou outro. Se até isso parecer demais para ele, ao menos certifique-se de sempre pedir opinião, ideias e perspectivas — pode ser que sempre correspondam às suas, mas lhe dar a chance de pensar é importante. Por fim, garanta que ele não leve para o lado pessoal qualquer experiência negativa que vocês possam ter tido quando a decisão final foi dele (o filme selecionado não era bom ou o serviço do restaurante escolhido era péssimo). Se isso acontecer, ele ficará desanimado para assumir o comando e tomar decisões na próxima vez.

Celebre-se

Por mais que um vata-kapha apoie outras pessoas, também é importante que eles apoiem a si mesmos. Celebrar as vitórias alheias os faz se sentirem plenos, mas reconhecer os próprios ganhos é uma forma ainda melhor para essa plenitude. Não é necessário celebrar um grande feito para isso, mas é importante que esse dosha se permita ter autocompaixão e amor-próprio. Transformar essa situação em uma ocorrência semanal, bloqueando a agenda por algumas horas de manhã ou à noite seria o ideal, mas mesmo uma ou duas vezes por mês seria um bom começo.

Com isso, vata-kaphas têm o compromisso mais estimulante de todos: demonstrar amor a si mesmos da maneira que escolherem. Eles podem comprar flores para si, fazer um programa sozinhos, tirar um dia inteiro de folga do trabalho para se divertir, ou passar o tempo lendo em um café. A opção pode parecer prazerosa ou terapêutica, mas também desafiadora para o vata-kapha, que passa pouquíssimo tempo focado em si mesmo.

Apoiando o Vata-Kapha

Ajudar seus amigos vata-kaphas a celebrar a si mesmos é uma tarefa gostosa. Coloque-os para cima respeitando o que você sabe que é importante e significativo para eles, refletindo o apoio deles próprios e avisando-os de que você é grato por todas as vezes que estiveram ao seu lado. Eles vão preferir que a atenção esteja em você e não neles; mesmo assim, vão gostar de saber que você torce por eles e da sensação de serem notados. Por tender a colocar os outros em primeiro lugar, o vata-kapha pode se surpreender por você ter observado o que está acontecendo na vida dele, mas lhe dar essa atenção pode deixá-lo mais à vontade para ser notado por outros e, mais cedo ou mais tarde, causar impacto duradouro.

Dê Apoio e Defenda o Próprio Território ao Mesmo Tempo

Desejando sempre estar ao lado das pessoas que amam, vata-kaphas tendem a colocar as próprias necessidades em modo espera — sobretudo quando sentem que suas perspectivas ou seus desejos podem entrar em choque com os dos outros. Mas vata-kaphas não precisam escolher entre eles próprios e outras pessoas, entre ouvir e falar, ou entre apoiar e se defender. Eles podem, e devem, fazer tudo isso.

Tornar-se proficiente nessas polaridades pode ser melhor praticado ao incorporá-las, uma vez que os atributos mentais e físicos dos vata-kaphas representam elementos em lados opostos do *continuum*. Eles podem, literalmente, defender o próprio território estufando o peito, dobrando ligeiramente os joelhos e sentindo a força de suas pernas e da terra abaixo delas. Com as mãos sobre o peito e os olhos fechados, podem repetir "dou apoio" a si mesmos ao inspirar, e "defendo meu território" ao expirar (repetindo cinco vezes esse mantra enquanto inspiram e respiram) — lembrando-se de como é essa sensação corpórea. Assim, quando se depararem com uma situação em que devem dar a própria opinião, eles podem se lembrar dessa sensação e se sentir empoderados.

Apoiando o Vata-Kapha

Esteja bastante ciente da facilidade de tirar vantagem da disposição de seus amigos vata-kaphas, que desejam se mesclar aos seus valores, e respeite os limites deles, especialmente quando eles têm dificuldade para defini-los por conta própria. É fácil ficar absorvido em si mesmo perto de vata-kaphas, já que eles concordam com tudo que você deseja e o seguem como líder. Porque ser companheiro faz parte da natureza deles, vata-kaphas acham difícil traçar uma linha entre o apoio natural que dão a você e sacrificar partes de si mesmos para manter o relacionamento. Se seu companheiro é um vata-kapha, sempre garanta que o bem-estar dele seja levado em consideração, que ele saiba das próprias necessidades e possa garantir que elas sejam atendidas e que a própria identidade fique intacta e seja reconhecida.

Como Tridoshas Têm Sucesso

Sintonize com a Estação

Tridoshas vivenciarão o ápice de sua saúde quando estiverem em harmonia com as estações. Cada estação possui mais qualidades de um certo dosha: o fim do inverno e a primavera são kapha; o verão é pitta; e o outono e o inverno do início ao meio são vata. Na estação de seus respectivos doshas, as pessoas precisam tomar mais cuidado com desequilíbrios, uma vez que o ambiente contribui para o acúmulo (semelhante aumenta semelhante). Tridoshas têm todas as estações acontecendo internamente ao mesmo tempo, portanto, eles precisam ficar alertas às sensações causadas pelo ambiente em todas as épocas do ano.

Há muitas maneiras de viver de acordo com as estações: optar por alimentos locais e disponíveis conforme a estação, ajustar os exercícios para complementar a estação (por exemplo, mais vigorosos na primavera, mais lentos e mais metódicos no outono), ou reservar um tempo para se refazer com alimentos específicos e autocuidado a fim de se restaurar durante a transição entre as estações.

Apoiando o Tridosha

Honrar as estações pode ser uma maneira maravilhosa de se reunir com os amigos ou a comunidade, especificamente com tradições sazonais. Festivais da primavera, churrascos de verão, visitas outonais a uma plantação de abóboras, reuniões em solstícios de inverno — há muitas possibilidades para demarcar as estações e conferir a certas épocas do ano uma sensação reconhecível e, ao mesmo tempo, cuidar da saúde. Se você tem um tridosha em sua vida que gostaria de ajudar a manter equilibrado, comece suas próprias tradições sazonais exclusivas aos interesses e ao relacionamento entre vocês. Acrescente uma nova tradição ao calendário agora, comprometa-se com ela todo ano e observe a tradição e a conexão com seu amado tridosha evoluir.

Use sua Bússola Interna para Mapear seu Caminho

Com todos os elementos expressos de maneira quase igual, tridoshas tendem a se identificar com muitos tipos de pessoas, e a descobrir conexões com quase toda atividade que testam. Isso pode dificultar o encontro do próprio caminho e paixão, já que esse dosha se identifica com tudo lá fora — quase tudo que fazem e quase todas as pessoas com quem estão trazem conforto. Mas só porque alguém é bom em algo não quer dizer que nasceu para isso, ou seja, tridoshas talvez tenham de se empenhar ainda mais para encontrar a própria direção interna.

Para mapear seu caminho, primeiro os tridoshas precisam se abrir para o maior número possível de experiências. E, ao fazer isso, é importante estarem atentos à sensação de cada experiência. Por exemplo, eles podem considerar como ela os faz se sentir fisicamente, quais emoções vêm à tona e com que facilidade entram em estado de *flow*. Ao fim e ao cabo, eles precisam olhar para dentro, já que todas as respostas estão aí.

Apoiando o Tridosha

Você pode apoiar seu tridosha favorito a mapear o próprio caminho apenas se mantendo em sintonia com a maneira como suas atitudes destacam partes diferentes da personalidade dele. Repare se os interesses dele tendem a tomar a mesma direção dos seus e quais atividades o deixam mais feliz. Mesmo que ele adore cozinhar com você, acompanhá-lo em uma aula de ioga ou assistir ao mesmo gênero de filmes que você, ajude-o a chegar ao cerne do que realmente alimenta a alma dele. Incentive-o a experimentar coisas novas e esteja disposto a explorar novos interesses com ele, sobretudo se você o vir perdendo o rumo ou, simplesmente, seguindo a onda.

Abrace Todos os Elementos

Todos os doshas têm a própria luz e sombra, pontos fortes e fracos, impulsos e fúrias. No fundo, tudo isso tem como base os elementos e as propriedades elementais interiores. Enquanto unidoshas e bidoshas, via de regra, precisam verificar e equilibrar um ou dois elementos, tridoshas precisam abraçar todos eles.

Assim como incorporar todos os sabores e nutrientes necessários em uma refeição e modificá-los quando um fica baixo ou ausente, tridoshas devem avaliar a rotina diária para garantir que todos os elementos estejam representados. Por exemplo, o éter e o ar, leves e móveis, podem aparecer por meio de exercícios. Os elementos água e terra podem ser incluídos ao passar óleo nos pés à noite, antes de ir para a cama. E o fogo pode ser ativado ao tomar uma xícara de água morna logo de manhã, ao acordar. Ou então, em nível mental e emocional, o éter e o ar podem ser abarcados mantendo-se a mente aberta. O fogo pode ser representado ao perseguir uma paixão. E a água e a terra podem ser abraçados quando houver tempo adequado para descanso mental, como na meditação.

Apoiando o Tridosha

Enquanto o tridosha tenta abraçar todos os elementos, você pode apoiá-lo abraçando os diferentes estados de espírito e emoções que esse dosha incorpora. Ainda que possuir todos os elementos signifique que o tridosha pode ser muito bem-resolvido, também pode significar que essas pessoas são mais complexas e menos previsíveis. Pode ser difícil, para um companheiro, prever reações diferentes e desequilíbrios provenientes de estressores diários, contrariamente ao que acontece com outras combinações dóshicas. Aprender a aceitar todos os componentes de sua personalidade e estar preparado para tudo pode ajudar o tridosha a manter o equilíbrio e ter sucesso.

Seu Dosha, Sua História

As experiências que acumulamos ao longo da vida compõem uma história, contada por meio de nossos pensamentos, sentimentos e comportamentos. Ao praticar o Ayurveda, aprendi que ouvir as histórias dos meus pacientes é parte crucial de orientá-los por um caminho rumo à saúde e à cura. Suas linhas do tempo pessoais estão repletas de marcos mentais e emocionais, sintomas físicos e desequilíbrios, fracassos e triunfos, todos eles proporcionando *insights* significativos em sua natureza mais genuína. São pistas que me ajudam a enxergar meus pacientes como eles são de verdade, em seu cerne e plenitude. E, na maioria dos casos, eles conseguem fazer a mesma coisa. Isso cria uma base para o bem-estar deles durante a vida toda, já que se sentir visto e ver o seu verdadeiro eu promove a cura. Isso traz consciência e conexão, o que abre espaço para o amor e a compaixão para conosco e com os outros, estados do ser que devem existir antes de nos sentirmos bem.

Nosso dosha nos oferece uma perspectiva mais clara sobre nossas forças e vulnerabilidades, sobre o que alimenta nossa alma e por que o faz, e sobre por que nos sentimos tão alinhados com certas pessoas e com outras vivemos às turras. Mesmo que sejamos moldados por acontecimentos da vida, é nosso dosha que gera as reações a esses eventos previsíveis. Quando conhecemos nosso dosha, podemos prever as reações que teremos, as emoções que virão à tona e os sentimentos com que teremos de lidar.

Nosso dosha não nos permite prever o futuro, mas pode nos equipar para a viagem à frente, não importa o terreno. É vantajoso ser capaz de identificar padrões comportamentais e de pensamento como potenciais obstáculos em nossa vida pessoal, carreira e saúde, mas talvez seja ainda mais benéfico saber o que fazer quando eles surgirem. Não há separação entre saúde física e mental, portanto, o benefício em conhecermos nosso dosha não acaba ao compreendermos melhor nossa mente — abarca todas as partes de nosso bem-estar. Há uma conexão entre o modo como pensamos e como nos sentimos, tal como há um elo entre nós e a natureza (o microcosmo e o macrocosmo). As dádivas do Ayurveda para a autoconhecimento e a cura são ilimitadas, mas isso pode significar que é fácil esquecermos de nos enxergar como parte de algo maior. Logo, à medida que você embarca nessa jornada, fique aberto para ver a floresta entre as árvores e como é possível viver em harmonia consigo mesmo e com o mundo.

APÊNDICE

Tabelas de Doshas para Consulta Rápida

	ELEMENTOS	ATRIBUTOS	AÇÃO PRIMÁRIA	PENSAMENTOS, SENTIMENTOS OU COMPORTAMENTOS ASSOCIADOS
VATA	Éter + Ar	• Leve • Móvel • Sutil • Frio • Seco • Áspero • Duro • Claro	Movimento	**Luz:** criatividade, empolgação com mudanças, espontâneo, geração de ideias, alegria **Sombra:** medo, sensação de dispersão, ansiedade, depressão, tristeza, falta de aterramento, dificuldade para dormir, esquecido
PITTA	Fogo + Água	• Leve • Penetrante • Quente • Líquido • Oleoso (secura em excesso)	Transformação	**Luz:** sagacidade intelectual, atenção a detalhes, orientado para metas, focado, resolução de problemas, ambicioso, motivação própria **Sombra:** ambição em excesso, perfeccionista, crítico, hostil, agressivo, violento, egoico, não elogia, talvez veja apenas o que precisa de ajustes
KAPHA	Água + Terra	• Pesado • Oleoso • Macio • Suave • Turvo • Denso • Opaco • Grosseiro • Estático • Frio	Proteção e crescimento	**Luz:** complacência, compaixão, estabilidade, cuidado, contentamento, resistência mental, doação, acolhimento **Sombra:** apegado, ganancioso, dificuldade para começar coisas novas e aceitar mudanças, trava com facilidade, letargia, falta de inspiração, depressão, negligencia o autocuidado, pouquíssimos limites, pode ser visto como capacho

Vata

VISÃO GERAL DO DOSHA VATA		
ELEMENTOS	Éter + Ar	
ATRIBUTOS	• Leve • Móvel • Sutil • Frio	• Seco • Áspero • Duro • Claro
TRAÇOS FÍSICOS	• Estatura baixa ou alta • Cabelos cacheados ou crespos • Cabelos castanhos ou pretos • Pele seca • Dentes irregulares • Lábios pequenos ou finos	• Olhos pequenos • Olhos ativos ou penetrantes • Olhos castanhos ou pretos • Magro, ou ganha músculos discretos com facilidade
CARACTERÍSTICAS MENTAIS	• Criativo • Espontâneo • Adaptável	• Gosta de mudança • Alegre • Despreocupado
DESEQUILÍBRIOS COMUNS	• Constipação • Digestão irregular • Gases ou inchaço • Mente hiperativa ou inquieta • Hiperatividade • Medo • Preocupação • Insegurança	• Falta de estabilidade ou dificuldade para manter rotinas • Insônia ou sonambulismo • Sonhos ruins • Pele seca • Nevralgia • Osteoartrite

LADOS SOMBRA E LUZ DO VATA	
LUZ	**SOMBRA**
Adaptável e receptivo a mudanças	Incapaz de se comprometer, com excesso de dança das cadeiras na vida pessoal e profissional
Sucesso em fases iniciais ou ao começar novos projetos	Nem sempre vê as coisas até o fim
Cheio de novas ideias	Tem problema para se concentrar em uma coisa de cada vez
Criativo	Pode ter dificuldades com soluções de A para B
Espontâneo	Manter um cronograma estável é um desafio
Verbaliza emoções	Pode falar demais ou coisas desnecessárias
Expansivo	Tem medo de perder

O VATA NO AMOR	
LINGUAGEM DO AMOR	Palavras (faladas ou escritas), brincadeiras
PONTOS FORTES NO RELACIONAMENTO	Abertura a mudanças, disposição para conversar, capacidade de ser espontâneo, adaptabilidade, atitude aventureira
VULNERABILIDADES NO RELACIONAMENTO	Dificuldade com compromissos, necessidade de muito apoio para tomar decisões, instabilidade, busca constante por ação e estímulos
QUALIDADES MAIS VALORIZADAS NOS RELACIONAMENTOS	Aventura, empolgação, ação, liberdade, diversão

Pitta

VISÃO GERAL DO DOSHA PITTA		
ELEMENTOS	Fogo + Água	
ATRIBUTOS	• Leve • Penetrante • Quente	• Líquido • Oleoso (secura em excesso)
TRAÇOS FÍSICOS	• Estrutura média • Pele clara ou avermelhada • Cabelos finos ou lisos • Cabelos loiros ou ruivos • Ficam grisalhos ou calvos cedo • Dentes medianos passíveis de amarelar	• Olhos de tamanho médio • Olhar intenso ou penetrante • Olhos verdes ou cinzentos • Massa muscular na média
CARACTERÍSTICAS MENTAIS	• Líder nato • Voltado a detalhes • Intelecto sagaz • Direcionado para metas • Focado	• Motivação própria • Competitivo • Organizado • Planejador • Responsável • Confiável
DESEQUILÍBRIOS COMUNS	• Digestão rápida • Intestino solto • Sangue nas fezes • Hiperacidez • Úlceras • Raiva • Irritabilidade • Julgamento • Criticismo em excesso • Dificuldade para pegar no sono • Sonhos violentos	• Acne • Brotoejas • Psoríase • Condições inflamatórias • Conjuntivite • Desequilíbrios nos hormônios reprodutivos • Hipertensão • Anemia

LADOS SOMBRA E LUZ DO PITTA	
LUZ	**SOMBRA**
Motivação própria	Egoico
Líder nato	Pode ser mandão ou controlador
Voltado para resultados	Tem dificuldade para se divertir ou relaxar, tende a ter *burnouts*
Pensador crítico	Pode ver apenas o que vai mal ou precisa de melhorias, não sabe elogiar
Apaixonado	Intimidante
Organizado, planeja bem	Rígido
Inteligência afiada	Língua afiada, não filtra o que diz

O PITTA NO AMOR	
LINGUAGEM DO AMOR	Presente, assume responsabilidades
PONTOS FORTES NO RELACIONAMENTO	Confiança, confiabilidade e respeito por rotinas, paixão, liderança, tomar decisões e habilidades de planejamento são seu forte
VULNERABILIDADES NO RELACIONAMENTO	Necessidade de espaço pessoal e autonomia, desejo de controle, estrutura ou rigidez excessivas, prioriza o trabalho
QUALIDADES MAIS VALORIZADAS NOS RELACIONAMENTOS	Desafio intelectual, companheiros igualmente apaixonados por carreiras e interesses pessoais, limpeza e organização, parceiros orientados para metas, espaço para liderança, autonomia

Kapha

<table>
<tr><th colspan="3">VISÃO GERAL DO DOSHA KAPHA</th></tr>
<tr><td>ELEMENTOS</td><td colspan="2">Água + Terra</td></tr>
<tr><td>ATRIBUTOS</td><td>• Pesado
• Turvo
• Frio
• Macio
• Suave</td><td>• Estático
• Opaco
• Grosseiro
• Denso</td></tr>
<tr><td>TRAÇOS FÍSICOS</td><td>• Estrutura mais larga ou maior, com distribuição de peso proporcional
• Pele oleosa
• Cabelos grossos
• Cabelos muito claros ou muito escuros</td><td>• Dentes grandes e brancos
• Olhos grandes com cílios grossos
• Músculos mais robustos e problemas para perder peso</td></tr>
<tr><td>CARACTERÍSTICAS MENTAIS</td><td>• Compassivo
• Leal
• Confiável
• Acolhedor
• Pé no chão
• Metódico
• Sereno</td><td>• Calmo
• Gentil
• Alegre
• Boa memória de longo prazo
• Resistência mental forte</td></tr>
<tr><td>DESEQUILÍBRIOS COMUNS</td><td>• Digestão lenta
• Muco nas fezes
• Depressão
• Isolamento
• Apatia
• Falta de motivação
• Sente-se preso
• Alergias
• Asma
• Problemas respiratórios</td><td>• Edema ou acúmulo de fluidos
• Sangue estagnado ou linfa
• Congestão
• Diabetes
• Colesterol alto
• Sono prolongado
• Nódulos ou tumores
• Miomas</td></tr>
</table>

LADOS SOMBRA E LUZ DO KAPHA	
LUZ	**SOMBRA**
Aterrado e estável	Trava com facilidade
Cuidador ou acolhedor nato	Negligencia o autocuidado
Compassivo	Limites muito escassos, pode ser tido como capacho
Boa resistência mental e física	Lento para se mover
Ótimo para manter o que já estabeleceu	Pode limitar a si mesmo quando o assunto são novas experiências
Excelente memória de longo prazo	Pode exagerar na nostalgia pelo passado, pode guardar rancor
Expansivo	Tem medo de perder

O KAPHA NO AMOR	
LINGUAGEM DO AMOR	Toque, dá comida ou cozinha, oferece ajuda
PONTOS FORTES NO RELACIONAMENTO	Amor e apoio incondicionais, compaixão, ajuda e cuidado, estabilidade
VULNERABILIDADES NO RELACIONAMENTO	Fica preso com facilidade, excesso de conforto, aversão a conflitos, aceita problemas em vez de lidar com eles
QUALIDADES MAIS VALORIZADAS NOS RELACIONAMENTOS	Tranquilidade, alegria, firmeza, estabilidade, compromisso

Vata-Pitta

VISÃO GERAL DO DOSHA VATA-PITTA	
ELEMENTOS	Éter + Ar + Fogo + Água
ATRIBUTOS	• Leve • Seco • Sutil • Quente ou frio • Áspero • Duro
TRAÇOS FÍSICOS	• Estrutura pequena a média • Pele normal a seca • Cabelo fino a médio • Cabelos loiros, ruivos ou castanhos • Dentes de tamanho médio • Olhos azuis, verdes ou castanhos • Massa muscular de magra a média
CARACTERÍSTICAS MENTAIS	• Pensa rápido • Responde rápido • Inovador • Aventureiro
DESEQUILÍBRIOS COMUNS	• Olhos secos • Olhos vermelhos • Artrite reumatoide • Acne severa • Melasma • Função intestinal variável ou síndrome do intestino irritável • Hemorroida • Endometriose • Fadiga adrenal • Infertilidade ou dificuldade de engravidar • Esgotamento ou *burnout* • Insônia

LADOS SOMBRA E LUZ DO VATA-PITTA	
LUZ	**SOMBRA**
Luta por justiça	Fica magoado com facilidade
Rápido para responder	Cansa e perde rápido a motivação
Ciente e cuidadoso com sentimentos alheios	Às vezes age por medo
Aprende e pensa rápido	Pode cometer erros ou pegar atalhos rumo a soluções

O VATA-PITTA NO AMOR	
LINGUAGEM DO AMOR	Palavras, presentes esporádicos
PONTOS FORTES NO RELACIONAMENTO	Prioriza a igualdade nos relacionamentos, flexível mas decidido, aberto a tentar coisas novas
VULNERABILIDADES NO RELACIONAMENTO	Falta de confiança, tende a se sentir inseguro em relacionamentos ou a questionar o interesse do parceiro por ele, pequenos conflitos podem parecer grandes ameaças
QUALIDADES MAIS VALORIZADAS NOS RELACIONAMENTOS	Segurança, certeza, estabilidade, lealdade, diversão

Pitta-Kapha

VISÃO GERAL DO DOSHA VATA-PITTA	
ELEMENTOS	Fogo + Água + Terra
ATRIBUTOS	• Quente • Pesado • Oleoso • Líquido • Estático • Lento
TRAÇOS FÍSICOS	• Estrutura média a grande • Pele normal ou mista • Pele branca ou avermelhada • Cabelos médios a grossos • Cabelos pretos ou vermelhos • Dentes maiores • Olhos médios a grandes • Olhos verdes ou azuis • Musculatura mediana a forte • Ganha músculos com facilidade
CARACTERÍSTICAS MENTAIS	• Acuidade e resistência mental • Foco • Confiabilidade • Lealdade • Hospitalidade
DESEQUILÍBRIOS COMUNS	• Hipertensão • Doença coronariana • Problemas de pele e suor • Câncer

O PITTA-KAPHA NO AMOR	
LINGUAGEM DO AMOR	Bilhetinhos de amor, toques, atos de gentileza
PONTOS FORTES NO RELACIONAMENTO	Bom ouvinte, faz os parceiros se sentirem valorizados, compreensivo, paciente, comprometido, leal
VULNERABILIDADES NO RELACIONAMENTO	Carrega o fardo alheio, tem problema para pedir ajuda, não expõe necessidades, internaliza problemas, coloca as necessidades alheias antes das próprias
QUALIDADES MAIS VALORIZADAS NOS RELACIONAMENTOS	Simplicidade, profundidade, paixão, tempo e espaço para correr atrás dos próprios interesses, lealdade

LADOS SOMBRA E LUZ DO PITTA-KAPHA	
LUZ	**SOMBRA**
Fica focado com estabilidade durante longos períodos	Pode se soterrar de trabalho e ter de deixar passar outras oportunidades
Importa-se com os outros e assume responsabilidades extras para ajudar	Pode perder o contato com necessidades pessoais enquanto foca as dos outros em excesso
Confiante e certo de capacidades e habilidades	Pode ter dificuldade para ver que outros não são tão capazes ou seguros quanto ele mesmo
Tem energia sustentável	Tem dificuldade para saber quando parar ou notar quando está ficando doente

Vata-Kapha

VISÃO GERAL DO DOSHA VATA-KAPHA	
ELEMENTOS	Éter + Ar + Água + Terra
ATRIBUTOS	Por conta dos descritores do éter, ar, fogo, água e terra serem opostos uns aos outros, qualquer combinação de qualidades pode ser vista em uma pessoa vata-kapha
TRAÇOS FÍSICOS	Características físicas são bem variáveis devido à mistura de elementos contrastantes; são possíveis ver extremos como estrutura magra ou alta, ou olhos menores e lábios finos, mas cabelos grossos
CARACTERÍSTICAS MENTAIS	• Fácil de lidar • Incentivador • Mente aberta
DESEQUILÍBRIOS COMUNS	• Sensibilidades únicas (geralmente, maiores que as de outros doshas, e condições manifestadas com maior profundidade) • Problemas respiratórios • Alergias • Asma • Inchaço nas articulações • Circulação deficiente • Digestão lenta

LADOS SOMBRA E LUZ DO VATA-KAPHA	
LUZ	**SOMBRA**
Segue o fluxo	Tem dificuldade para tomar decisões ou assegurar gostos e necessidades próprios
Prioriza a diversão e a tranquilidade	Pode evitar o trabalho duro, especialmente quando não há orientações suficientes nem grandes recompensas
Gosta de apoiar os outros em atingir objetivos	Pode não ter paixões próprias ou área de foco na vida
Simpático e puxa conversa com qualquer pessoa	Pode falar mais do que fazer, conhecido por ficar em cima do muro

O VATA-KAPHA NO AMOR	
LINGUAGEM DO AMOR	Palavras, toques, diversão
PONTOS FORTES NO RELACIONAMENTO	Adaptável, incentivador, alegre, divertido
VULNERABILIDADES NO RELACIONAMENTO	Tem potencial para perder a própria identidade ou mesclá-la à do parceiro, evita lidar com problemas e conflitos, sensível, inseguro
QUALIDADES MAIS VALORIZADAS NOS RELACIONAMENTOS	Um parceiro que queira liderar e tomar decisões, segurança contínua, lembretes de que ele(a) tem valor

Tridosha

VISÃO GERAL DO TRIDOSHA	
ELEMENTOS	Éter + Ar + Fogo + Água + Terra
ATRIBUTOS	Porque tridosha significa que todos os elementos estão em jogo, é difícil afirmar que um descritor prevalece sobre outro. Em vez disso, tendemos a encontrar qualidades tridóshicas no meio dos espectros. Por exemplo, eles não são nem secos nem oleosos, nem estáticos nem móveis — são um meio-termo.
TRAÇOS FÍSICOS	Pessoas tridoshas têm características muito variadas entre todos os traços dóshicos. Elas podem ter qualquer cor de olhos ou tom de pele, e um nível igual de todos os doshas significa que nada será grande ou pequeno demais.
CARACTERÍSTICAS MENTAIS	Bem resolvido, pensa rápido e tem resistência mental, boa memória geral, pode sentir um leque de emoções, de ansiedade a raiva e tristeza, mas sem nenhuma predominante, ou sem interferências que as emoções podem causar
DESEQUILÍBRIOS COMUNS	Esse dosha não tem desequilíbrios comuns como os outros doshas. No entanto, nota-se que, se um tridosha fica desequilibrado, é mais difícil tratar seus problemas. A presença de todos os doshas e elementos significa que ajustar um pode facilmente agravar o outro.

Fontes

Neste livro, nos aprofundamos nos aspectos mentais e emocionais dos doshas ayurvédicos, mas há muito mais a explorar. A bibliografia a seguir pode ajudar você a se aprofundar em tópicos mencionados tangencialmente:

Autocuidado, Rotina e Estilo de Vida

The Ayurvedic Self-Care Handbook, de Sarah Kucera
Living Ayurveda, de Claire Ragozzino
Change Your Schedule, Change Your Life, de Dr. Suhas Kshirsagar
The Path of Practice, de Bri Maya Tiwari
Ayurveda Beginner's Guide, de Susan Weis-Bohlen

Alimentos e Ervas

What to Eat for How You Feel, de Divya Alter
Root & Nourish, de Abbey Rodriguez e Jennifer Kurdyla
The Yoga of Herbs, de Dr. David Frawley e Dr. Vasant Lad
Ayurvedic Cooking for Beginners, de Laura Plumb

Ayurvedic Medicine, de Sebastian Pole
The Everyday Ayurveda Cookbook, de Kate O'Donnell
The 3-Season Diet, de John Douillard

Fundamentos/Geral

The Complete Book of Ayurvedic Home Remedies, de Dr. Vasant Lad
Ayurveda: The Science of Self-Healing, de Dr. Vasant Lad
Prakriti, de Dr. Robert E. Svoboda
Ayurveda and the Mind, de Dr. David Frawley

Agradecimentos

Estou honrada pelo apoio que recebi enquanto escrevia este livro. Cada palavra e gesto, não importa se grande ou pequeno, foi profundamente significativo para mim. Agradeço especialmente a:

Olivia Peluso, minha editora, por ficar comigo do começo ao fim, e por todas as reorganizações dos capítulos durante a trajetória. Obrigada pela paciência, experiência e tempo ao transformar minhas ideias em algo passível de ser compartilhado e capaz de beneficiar tanta gente.

Hannah Matuszak, pelas habilidades de edição e assistência no refinamento deste livro nos lugares certos e da maneira correta.

Jennifer Kurdyla, pela sabedoria e disposição. Sua orientação e incentivos foram exatamente o que eu precisava para continuar acreditando que este livro se concretizaria.

Steve Harris, meu agente literário, pelo incentivo de sempre e pela ajuda durante todas as etapas do caminho.

Meus amigos e familiares, por sempre me oferecerem uma mão ou uma conversa quando meu tanque energético estava sem combustível.

Douglas, por me animar, por me lembrar de fazer pausas e por preparar o jantar para mim durante dias seguidos de escrita. Você é meu pitta-kapha favorito.

Todos os meus professores, que confiaram em mim e me capacitaram com este conhecimento, e aos professores que vieram antes deles. Espero sempre poder liderar com os exemplos que vocês me proporcionaram e preservar a verdadeira essência e cerne do Ayurveda.